中等职业教育精品教材

中职生素养教育

主　编　李维杰　陈东旭　郑　荣
副主编　徐锦丽　李明亮　陈　伟　李思勇　沈苏蓉　母　凤
　　　　贾仁生　梁泽清　徐　黎　明安丽

中国人民大学出版社
·北京·

图书在版编目（CIP）数据

中职生素养教育 / 李维杰，陈东旭，郑荣主编 . 北京：中国人民大学出版社，2025. 8. --（中等职业教育精品教材）. -- ISBN 978-7-300-34352-5

Ⅰ . G711

中国国家版本馆 CIP 数据核字第 2025AD1153 号

中等职业教育精品教材

中职生素养教育

主　编　李维杰　陈东旭　郑　荣

副主编　徐锦丽　李明亮　陈　伟　李思勇　沈苏蓉　母　凤　贾仁生
　　　　梁泽清　徐　黎　明安丽

Zhongzhisheng Suyang Jiaoyu

出版发行　中国人民大学出版社
社　　址　北京中关村大街 31 号　　　　　邮政编码　100080
电　　话　010-62511242（总编室）　　010-62511770（质管部）
　　　　　010-82501766（邮购部）　　010-62514148（门市部）
　　　　　010-62511173（发行公司）　010-62515275（盗版举报）
网　　址　http://www.crup.com.cn
经　　销　新华书店
印　　刷　北京密兴印刷有限公司
开　　本　787 mm × 1092 mm　1/16　　　版　　次　2025 年 8 月第 1 版
印　　张　10.75　　　　　　　　　　　印　　次　2025 年 8 月第 1 次印刷
字　　数　218 000　　　　　　　　　　定　　价　38.00 元

前言

青年是祖国的未来、民族的希望。党的二十大报告指出："教育、科技、人才是全面建设社会主义现代化国家的基础性、战略性支撑。""全面贯彻党的教育方针，落实立德树人根本任务，培养德智体美劳全面发展的社会主义建设者和接班人。"

本书以国家政策为导向，围绕培养"全面发展的人"这一核心目标，着重讲述学生应具备的素养。这些素养包括适应终身发展和社会进步所需的必备品格与关键能力，力求最大程度地满足学生提升自身综合素养的需求。

本书共七个专题，分别为：品德修养，凝聚人格力量；文化底蕴，提升个人风采；行为修养，打造得体风范；匠心笃行，共筑坚实品质；健康素养，塑造健康体魄；职业修养，指引未来方向；政治素养，构筑强国之路。

本书的写作特色如下：

1. 结构化设计。本书每个专题均设置了"内容导航""学习目标""探索新知""素养追寻""要点归纳""学习探索"六个栏目，增强了全书的可读性与趣味性，既可以充分调动学生的学习主动性和积极性，又有利于教师打造特色课堂，在课堂上营造浓厚的人文氛围，让课堂教学展现独特魅力。

2. 实践导向。本书在注重理论知识传授的同时，更加突出实践导向。通过精心策划的"学习探究"，引导学生将所学理论知识应用于真实或模拟的情境中，从而有效提升学习效果 。

3. 案例分析。本书精选具有代表性的案例，并提供相关的拓展阅读资料。通过引导学生对案例进行分析，帮助学生拓宽知识面，深化学生对理论知识的理解，从而更有效地掌握理论与实际应用之间的联系。

4. 互动性。本书的教学设计融入了丰富的互动性元素，通过精心安排的课堂活动与实践评价，激发学生主动参与学习过程，并鼓励学生积极开展反思和讨论。这种互动式学习方式有助于学生更好地掌握所学知识，从而提升学习效率。

本书既适合作为学生的通识课教材，也可以作为培养学生核心素养的参考用书。由于编者研究能力、学术水平有限，书中难免存在疏漏或不当之处，敬请专家和广大读者批评指正。

编者

目 录

专题五

健康素养，塑造健康体魄

专题六

职业修养，指引未来方向

专题七

政治素养，构筑强国之路

专题一

品德修养，凝聚人格力量

内容导航

在这个瞬息万变的时代，个人的品德修养不仅是衡量其素质高低的重要标准，更是推动社会和谐进步的动力源泉。本专题深入探讨修身立德的重要性，详细阐述了爱国奉献、明礼遵规、勤劳善良、诚实守信等品质，并强调这些品质对于个人成长和社会和谐的关键作用。之后的内容转向家庭美德的弘扬，包括尊老爱幼、互相关爱、勤俭节约和邻里互助，展示了家庭作为个人品德培养摇篮的价值及其对社会稳定的影响。最后，本专题讨论了社会公德的践行，涵盖遵纪守法、文明礼貌、助人为乐、爱护公物等方面，引导读者尤其是中职学生，在日常生活和学习中积极践行道德准则，共同为构建和谐美好的社会环境贡献力量。

学习目标

知识目标

1. 理解品德修养是个人成长和社会发展的基础，掌握个人品德、家庭美德和社会公德的基本内涵。
2. 熟悉爱国奉献、明礼遵规、勤劳善良、诚实守信的具体要求。
3. 了解尊老爱幼、互相关爱、勤俭节约、邻里互助的意义及其在家庭和社会中的作用。
4. 掌握遵纪守法、文明礼貌、助人为乐、爱护公物的具体表现。

技能目标

1. 能够在社会交往中遵守遵纪守法、文明礼貌、助人为乐、爱护公物的公德要求。
2. 掌握如何在面对困难和挑战时保持积极乐观的态度。
3. 能够在公共场合中主动承担社会责任，如爱护公物、保护环境等。

素质目标

1. 具备爱国情怀和社会责任感，能够将个人理想与国家、民族的理想相结合。
2. 养成谦虚礼让、尊重他人、自强自律的个人品格。
3. 在家庭中践行尊老爱幼、互相关爱和勤俭节约的美德，促进家庭和谐。
4. 深刻理解中华优秀传统文化中的道德观念，增强文化自信。

探索新知

无声世界的“闯入者”——刘玲琍

在无声者的世界里，声音是最宝贵也是最不值钱的东西，遥不可及却并非必需。他们像生活在孤岛，没太多人走出去，更鲜少有人走进来。刘玲琍却用 34 年的时间造了一座桥，以不可阻挡之势成为这个世界的“闯入者”。不仅如此，她还要把这座孤岛上的孩子，一个一个带出去。

★“要是她上过学、会写字就好了”

回忆起自己从事特殊教育行业的初衷时，刘玲琍给出了一个朴实的回答：“要是她上过学、会写字就好了。”

刘玲琍小时候居住在衡阳拖拉机厂的宿舍区内。她的邻居是一位有听力障碍的阿姨，这位阿姨未曾接受过教育，因此既不会读写，也不会说话。据刘玲琍回忆，这位阿姨大多数时间都待在家中，偶尔会遭受丈夫的打骂，有时则孤单地在厂区里徘徊。

尽管如此，阿姨对孩子们十分友善，时常给他们分发食物，还擅长为女孩们编漂亮的辫子。然而，由于沟通上的巨大障碍，她有时会因为无法顺利与人交流而焦急地抓自己的头发或是用力跺脚。小伙伴们都认为这位阿姨是个“怪人”，他们既不能理解她的处境，也因为害怕而不怎么敢接近她。

年幼的刘玲琍萌生了一个念头：要是邻居阿姨能写字、会表达，或许就能找份工作养活自己，就可以交朋友，家庭或许也会幸福些。“如果有所学校能让听障人士接受到良好的教育，他们的命运一定会不一样。”

1987 年，刘玲琍在中考中获得了优异的成绩。刘玲琍很早便明确了自己未来的职业目标：她立志成为一名特殊教育教师。自幼对“教师”这一职业怀有深深敬意的刘玲琍，在了解到南京特殊教育师范学校的详情后，毫不犹豫地报考了该校。从此，她踏上了通往梦想职业的道路，专注于特殊教育领域的发展。

“博爱塑魂”，毕业三十多年后，刘玲琍依然记得母校的校训。作为南京特殊教育师范学校的第三届学生，刘玲琍在这里接受了专业的听障教育培训。也是在这里，她对听障人士的同情怜悯，逐渐转化为要帮助他们改变命运的决心。

刚进入学校的时候，刘玲琍对教师这个职业的理解并不深刻。她热爱文学，仍然保持着每天沉浸在书籍中的习惯。直到一个周末，班主任在教室里找到了正在看书的刘玲琍，并对她说：“既然选择了师范专业，就不能只是埋头读书，应该多参加一些课外活动，全面提升自己的能力。”这番话促使她开始思考更广泛的能力发展。

在班主任的鼓励下，刘玲琍加入了学校的国学社、合唱团，还担任文学社的总编辑，后来甚至为学弟学妹们讲授现代诗赏析课。“老师们都很厉害、很专业。”提及当年教过自己的老师，刘玲琍相当敬佩。

摘掉滤镜后的特教生活

1991 年，中师毕业的刘玲琍被分配到衡阳市聋哑学校（现衡阳市特殊教育学校）任教。干劲满满的她主动担任了一年级某班的班主任和语文老师。虽然有充足的积累，但刘玲琍还是被现实工作中的挑战打了个措手不及。

一群七八岁的孩子们不停地哭闹、鼻涕横流也不擦拭、在地上打滚、随意从教室跑出去……更为严峻的现实是，许多孩子既听不见也无法说话。由于大多数家长不懂手语，这些孩子到了上学年龄时仍然不会使用手语，也不识字，只能依赖简单的手势来表达自己的想法，甚至有些孩子连最基本的生活自理能力都没有。“很多家长与自己有听力障碍的孩子之间缺乏有效的交流方式，最多只能确保他们吃饱穿暖。”刘玲琍逐渐认识到，作为一名特殊教育教师，她的职责不仅是传授知识，还需要在一定程度上承担起父母的角色。如何与这些家庭教育缺失的孩子们建立有效的沟通渠道，成了她面临的一个重大挑战。

有一次，刘玲琍看到一名学生在咳嗽，便用手语询问他是不是喉咙不舒服，学生却误以为刘玲琍在问自己想不想吃东西，很期待地点头。但他等了半天，刘玲琍也没拿出吃的东西，于是学生生气地哭了。刘玲琍觉得无比困惑和尴尬，直到他比画着要吃东西，刘玲琍才明白过来。从这时起，她意识到沟通障碍的问题必须尽快解决，就更加努力地练习手语，每天拉着学生们做交流训练，想各种办法与他们沟通。

刘玲琍带领学生们在学校各处参观，利用卡纸和手语引导他们识别“食堂”“教室”“宿舍”等地方，同时培养他们养成排队打饭、安静用餐、餐前洗手以及节约粮食等良好习惯。此外，她还教授他们读书识字和更多的手语交流方法。“书本知识有时难以满足实际交流的需求，因此我通过生活场景教学，帮助他们学习必要的生存技能。”刘玲琍这样解释她的教育方式。这种方法可以使孩子们在日常生活中更加自如地运用所学知识与技能。

刘玲琍接手过一名学生，先天听力障碍并不严重，发声器官也是健全的，但由于家庭经济困难和家长的不重视，女孩一直没有佩戴助听器。信息获取障碍导致她的认知和智力发展滞后，在原班级中被边缘化了。

“听障孩子往往敏感、自卑，鼓励教育非常重要。”女孩转到自己带的班级后，刘玲琍发现她的声音很好听，便从一个一个音节开始教女孩发音，手把手教她写字，逮住机会就表扬和鼓励。“她真的进步很大，后来不仅能写字，还能说五六个字以上的句子。”提起学生的进步，刘玲琍无比开心。她认为声音是开启更广阔天地的钥匙，对于听障孩子而言，即使只能说简单的字词，也比完全无声好得多。

是老师也是母亲

2005年，刘玲琍成了一位母亲。然而，初来人世的儿子却在不到1岁时，被确诊为先天性神经性耳聋。拿到诊断书的那一刻，刘玲琍真切感受到了命运的无常。

刘玲琍知道，对于听障儿童而言，越早开始康复训练效果越好，这也意味着她的儿子仍有希望正常说话。考虑到康复训练是一个长期过程，刘玲琍决定自学听障语言训练方法来教导自己的儿子。因此，她白天忙于教学工作，晚上则专注于教儿子发音和听力训练，并且还抽出时间查阅大量资料，探索有效的教学方法。在她的不懈努力下，儿子到了两岁半时，已经能够像普通孩子一样发出声音了。如今，他不仅顺利考入了大学，而且在语言交流方面与常人几乎没有差异。

2008年，衡阳市特殊教育学校创办了“学前聋儿康复语训班”，刘玲琍担任负责人。相较于之前，这类班级的孩子年纪更小，沟通和自理能力更差，几乎是一张白纸。在对儿子和低龄学生的训练过程中，刘玲琍逐渐探索出“唇舌操”“情景教学”“合作学习”等教学模式，并开始自编语训教材。

她根据听障孩子的需求和交流习惯，增加了更多实用性强的内容，如设置了去商店购物的场景，从常用商品的名称到如何结账，尽可能多地将日常交流用语教给他们，此外，她还会带领学生走出学校“实地演练”。

与普通教师不同，特殊教育教师往往需要从学生小学阶段一直教到高中，一个班里虽然只有十几个学生，但最长可能会陪伴他们 12 年。刘玲琍采用务实的教学方法，为孩子们开辟了多样化的道路。在她 34 年的教学生涯中，指导了 80 多名听障学生，其中有 20 多人成功考取了大学。这些学生有的成为公务员，有的成为舞蹈演员，还有的投身于糕点制作或设计行业。而最让刘玲琍感到欣慰的是，有些学生选择回到特殊教育学校，追随她的脚步，成为特教教师，就像当年引导他们的刘玲琍一样。

解开隐形的锁

许多特殊教育学校的学生在经过系统学习、能够有效交流后，会转入普通学校就读。“普通学校意味着更全面的教育和更多融入社会的机会。”刘玲琍说。然而，衔接式融合教育的不足，导致普通教师和学生往往对这些特殊的孩子缺乏正确认识，难以帮助他们融入学校，让他们不自觉地感到被孤立、被漠视。

因此，有些特教学生不愿转到普通学校，甚至放假时都不想离开特教学校回家。对于他们来说，在特教学校远比在外面更舒服。在这里，他们是生活的“参与者”，而非“局外人”。

这正是刘玲琍最担心的事：“我们学校是个温暖的大家庭，但孩子们终归是要长大，要走向社会的。”她希望学生们能真正地融入社会，在工作中找到自己的价值，建立健康稳定的人际关系，经营幸福的家庭，获得社会的认可和尊重……不仅是“活下去”，还要“活得好”。

2025 年的央视春晚首次提供了视障版和听障版的无障碍转播服务，这一举措在刘玲琍看来标志着巨大的进步，表明社会对听障人士的需求关注度正在提升。不过，她也指出当前听障无障碍设施的建设依旧存在不足。许多人尚未意识到，即便听障者佩戴了人工耳蜗或助听器，在公共场所仍然需要配置听觉辅助设备，以确保这些助听装置能够有效兼容并发挥作用。这方面的意识提高和设施建设仍有很长的路要走。

刘玲琍还注意到，由于沟通困难和缺少法律知识，听障人士在维权时会面临诸多困难。如办事机构手语翻译人员不足、电子屏上文字信息过于简略等，使他们难以获取有效信息和表达自身诉求，尤其是在银行、医院、政府部门、司法机关等需要信息准确的场所。

刘玲琍指出，当前与残疾人权益保障相关的法律和政策仍有显著的改进空间。例如，一些用人单位在招聘听障人士时，要求应聘者的裸耳听力需达到四级，即"交流轻度受限"。然而，对于那些经过康复训练并佩戴辅助设备后能够实现正常交流的重度听障患者而言，这种标准显得不够公平。"应该调整标准，考虑佩戴听力辅助设备后的听力水平。"这一观点也是她作为全国人大代表，在今年两会期间提出的议案之一。

"听障人士不应该被视为孤立的特殊群体，他们的思维和情感其实和健全人是一样的，他们也有平等参与社会生活的渴望，也跟大家一样有自己的梦想和追求，只是他们的交流方式不同。"刘玲琍希望听障人士能够得到真正公平的对待，"拥有更多获得感、幸福感、安全感。"

资料来源：徐晴子，史少君. 无声世界的"闯入者"：刘玲琍.（2025-03-05）[2025-04-04]. https://baijiahao.baidu.com/s? id=1825718939780212873.

思考

1. 刘玲琍的身上展现出了哪些优秀的道德品质？

____

____

2. 刘玲琍在面对听障儿童时遇到了哪些具体的沟通障碍？她采取了哪些措施来克服这些障碍，并帮助孩子们更好地融入日常生活和社会活动？

____

____

素养追寻

一、修身立德，夯实思想根基

个人品德体现了社会道德原则与价值规范在个体思想和行为中的深度融合与全面呈现，它是衡量个体素质高低的关键因素之一。一个人如果缺乏良好的品德基础，那么无论其才智多么出众、能力多么卓越，都难以行稳致远。事实上，个人的才智、技能以及其他各种素质的发展和完善，无不需要以坚实的品德力量作为支撑。只有在道德品质的引导下，这些才智和技能才能真正发挥出积极的作用，成为推动个人成长和社会进步的重要动力。

对于每个人来说，培养和提升自身的品德修养不仅是对自我负责的表现，更是对家庭、社会乃至整个时代负责的体现。在这个过程中，通过不断学习、实践并内化社会所倡导的价值观，可以逐步塑造出更加健全完善的人格，为构建和谐美好的社会环境贡献自己的力量。

个人品德的主要内容包括爱国奉献、明礼遵规、勤劳善良、诚实守信。

（一）爱国奉献

爱国，作为中华民族最为深厚且持久的精神财富，深远地塑造并影响了一代又一代中国人的精神世界，并对国家的发展与民族的进步产生了不可磨灭的影响。这种爱国主义精神，犹如一颗颗种子，深深扎根于每一位中国人的心田，成为他们心中最坚定的信念和动力源泉。它鼓舞着无数中华儿女前赴后继，为了祖国的繁荣昌盛而不懈努力奋斗。正是这种对祖国深深的爱与忠诚，串联起了中华民族的历史记忆与未来憧憬，激励着全体中华儿女不断向着实现国家富强、民族复兴的伟大目标奋勇前行。

新时代是我国经济社会发展的新阶段，既充满了艰难险阻，也存在更多的机遇。青年一代作为现代化事业建设的主力军，必须要主动承担起时代所赋予的使命，用实际行动推动国家与民族的进步。这就需要广大青年学生必须具备崇高的爱国情怀与勇于奉献的时代精神，将个人理想同国家、民族的理想相连，处理好个人利益与国家利益、民族利益的关系，在服务国家与民族的过程中发挥个人价值，实现个人理想。

拓展阅读

追寻先烈足迹

“五位壮士屹立在狼牙山顶峰，眺望着群众和部队主力远去的方向……他把那支从敌人手里夺来的枪砸碎了，然后走到悬崖边上，像每次发起冲锋一样，第一个纵身跳下深谷。战士们也昂首挺胸，相继从悬崖往下跳。”这是收录在小学生课本里的课文《狼牙山五壮士》的片段，它描写了在抗日战争时期，在晋察冀边区的狼牙山发生的五壮士奋勇舍身跳崖的故事。这五位壮士分别是八路军晋察冀军区第一军分区一团二营七连六班班长马宝玉，副班长葛振林，战士宋学义、胡德林、胡福才。

1941 年 8 月，侵华日军华北方面军集中七万日伪军，对晋察冀抗日根据地进行毁灭性“扫荡”。这次大规模的“扫荡”和反“扫荡”斗争持续了两个月。当时，我军数千官兵和数万群众在河北易县的狼牙山藏身。

狼牙山坐落在河北省易县西部的太行山东麓，这里峰峦奇特、山势险峻，因其形状酷似狼牙而得名。作为晋察冀抗日根据地的东部门户，狼牙山具有极其重要的战略意义。9 月 23 日凌晨，日军主力全部出动，在黎明时分对易县北娄山附近的第一军分区驻地发动围攻，随后沿着北管头至东西水村的路线向狼牙山方向推进。到了中午时分，日伪军已经集结于狼牙山脚下。

晋察冀军区第一军分区一团二营七连担负了分路掩护机关部队和群众转移的任务，完成任务撤离时，留下七连六班五名战士负责后卫阻击，掩护全连转移。按照原来的部署，七连佯装成一团主力来吸引敌人主力，再利用夜幕掩护和熟悉地形的优势，伺机打击消灭敌人。

24日夜晚降临时，连长带领七连的战士们沿着蜿蜒的道路向外撤离，在成功完成掩护群众突围的任务后，为了不让敌人察觉到连队的转移方向，五名战士主动承担起吸引敌军火力、继续进行掩护作战的任务。马宝玉、葛振林、胡德林、胡福才和宋学义这五位勇士趁着月色，将团部遗留的几箱手榴弹整理并捆扎好，随后隐蔽在棋盘陀最险峻的两个据点——“阎王鼻子”和“小鬼脸儿”。他们准备在这里展开进一步的掩护作战。

25日清晨，五百多名日伪军向狼牙山发起攻击。敌人上山途中，从东西水村往棋盘陀来的日伪军，一路上伴随着地雷的爆炸而不断倒下。为了不暴露部队转移路线，保障主力安全，五名战士选择撤向棋盘陀顶峰，战士们一面向顶峰攀登，一面依托岩石和树林向敌人射击。敌人紧追不舍，由于不熟悉地形，有的中弹滚下山去，有的踏落石头坠入深谷。

棋盘坨顶峰实际上是一条绝路，其峰顶三面均为悬崖峭壁，既无遮蔽之物，也无撤退之路。六班的战士们故意将敌人引向这座山顶，这一举动虽然成功迷惑了敌人，但也使他们自己陷入了绝地。五位英勇的战士与敌军激烈战斗了五个小时，在耗尽所有弹药后，他们开始用石头作为武器攻击敌人。最终，由于力量过于悬殊，他们再也无法继续战斗。

在最后关头，五位勇士毅然决定毁掉手中的枪支，然后纵身跳下了悬崖。马宝玉、胡德林和胡福才三人英勇牺牲，而葛振林和宋学义则因跳崖后被绝壁上的树枝挂住，幸运地保住了性命，并由当地村民救起。

“巍巍燕山高，潇潇易水寒。英雄五壮士，威震狼牙山。”1941年9月25日，“狼牙山五壮士”纵身一跃。今天，他们誓死抗日的壮举依旧被人们铭记。如今，狼牙山五勇士纪念塔坐落在狼牙山最高峰，为狼牙山标注了“英雄之山”的闪亮坐标。

资料来源：鲍宇雁. 追寻先烈足迹：狼牙山五壮士.（2020-09-25）[2025-04-04]. https://opinion.huanqiu.com/article/401XpAm76rj.

学思并进

请你仔细阅读上面这篇文章，探讨五位勇士决定背后体现的英雄主义精神和个人价值观，思考在现代社会中我们应如何继承和发扬这种精神，并在日常生活中践

狼牙山五勇士雕像

行爱国主义情怀。

____

____

____

（二）明礼遵规

明礼遵规是指个人应做到以礼待人，并遵守各种礼仪规范和社会道德规范。它不仅是个人良好素养的体现，也是社会和谐发展的基础。

“克己复礼为仁”“非礼勿视，非礼勿听，非礼勿言，非礼勿动”“国尚礼则国昌，家尚礼则家大，身有礼则身修，心有礼则心泰”“不以规矩，不能成方圆”等，都反映了中国人“重礼仪、守礼法、行礼教、讲礼信、遵礼义”。古人还提出“父子有亲，君臣有义，夫妇有别，长幼有序，朋友有信”等道德规范，并严格遵守这些道德规范，使得明礼遵规逐渐内化为中国人的一种自觉意识并贯穿于行动之中。

在日常的生活与学习过程中，中职生作为社会的一员，应当积极践行明礼遵规这一重要理念。这不仅意味着在日常生活和人际交往中要做到谦虚礼让、恭敬守礼，体现对他人的尊重和理解，更深层次上，还要求我们培养出一种自律的态度，对自己设定高标准并严格要求自己去达成这些标准。具体来说，这意味着要自觉遵守学校制定的各项学生守则以及社会所倡导的礼仪规范，并将其视为指导自身行为的基本准则。无论是面对网络世界的种种诱惑，还是现实生活中可能出现的问题，如吸烟、酗酒、校园欺凌等不良现象，都应保持清醒的认识，拥有坚定的决心去抵制这些负面因素的影响。

通过这样的实践，不仅能显著提升个人的道德修养和社会责任感，还能为营造一个健康向上、充满正能量的学习氛围和个人成长环境贡献力量。同时，这也是构建和谐校园文化不可或缺的一部分，对于促进全体同学共同进步与发展具有重要意义。每一位中职生都应当深刻认识到，自己的每一个行动不仅直接反映了个人的素质与品格，而且会以潜移默化的方式对周围的人产生影响。因此，秉持明礼遵规理念，不仅是塑造良好个人形象的关键所在，更是推动集体文明建设向前发展的重要动力。在这个过程中，每位同学不仅是参与者，也是受益者。

拓展阅读

程门立雪

程颢、程颐兄弟俩都是北宋时期著名的哲学家和教育家，程颢人称“明道先生”，程颐人称“伊川先生”，是宋明理学的奠基人，世称“二程”。他们为人正直，做事严谨，到他们门下求学的人特别多，杨时和游酢便是其中的两位。

杨时自幼聪明好学，反应灵敏，口齿伶俐。成年后，他虽然考取了进士，却淡泊名利，为了丰富自己的学问，毅然放弃了高官厚禄，跑到河南颍昌拜程颢为师，虚心求教。程颢死后，他仍然立志求学，刻苦钻研，又跑到洛阳去拜程颢的弟弟程颐为师。

游酢是杨时的好朋友，他们二人志同道合，经常就一些问题秉烛夜谈。他听说杨时要去拜程颐为师，便与杨时结伴而行。他们到了程家，正遇上程老先生在休息。这时候，外面开始下雪。

两人便恭恭敬敬侍立一旁，不言不动。如此等了大半天，程颐才慢慢睁开眼睛，见杨时、游酢站在面前，吃了一惊。这时候，门外的雪已经积了一尺多厚了。程颐见了感动不已，于是将自己的学问倾囊相授。杨时和游酢也不负众望，都成了饱学之士。杨时更独创学派，世称“龟山先生”。

俗话说：“一日为师，终生为父。”在中国传统文化中，“尊师重教”的观念深深根植于人们的心中，强调应将传授知识的老师视为长辈来尊敬，这不仅是对教师本人的尊重，更是对知识本身的尊重。杨时就是这样一个尊师重道、求知若渴的典范。

学习不仅需要持谦虚和诚恳的态度，还需要具备尊师重教的精神。如果一个人失去了对老师的尊敬，那么他对学习的热情与诚意也会随之消减。因此，尊师是求学之路上不可或缺的一环，它体现了我们对知识追求的真诚态度以及对教导我们的每一个人应有的敬意。

学思并进

（1）中国自古以来就以礼仪之邦闻名于世，在长达五千年的历史长河里，流传着许多被后人传颂的知礼守礼的故事。上文介绍了程门立雪的典故，请大家思考中国古代还有哪些关于知礼守礼的故事，并将这些故事分享出来，与更多的人一起探讨和学习。

____

____

____

（2）请就明礼遵规的重要性与其他同学进行讨论。

____

____

____

（三）勤劳善良

勤劳善良是中华民族的传统美德，也是个人成才和成就事业的必备素质。

勤劳体现的是人们对于劳动所持有的态度与内在品质，它鼓励每个人热爱劳动，积极参与各类劳动，凭借自己的双手开辟通往美好生活的道路。幸福和美好的生活无一不是通过劳动创造出来的，个人成就的取得同样离不开持续不断的努力和辛勤的付出。进一步讲，勤劳的意义远不止于日常的劳作，它还蕴含着自强不息、为追求理想目标不懈奋斗的精神内涵。“天行健，君子以自强不息”与“劳谦匪懈”等古语，都深刻地反映了中华民族对勤劳价值的理解与崇尚。

拓展阅读

中国古代的劳动节

五一国际劳动节是劳动者自己的节日，它源自 1886 年 5 月 1 日美国芝加哥的工人大罢工。其实我国古代也有劳动节，不仅如此，而且还有五个“劳动节”。

农历二月初二

关于“劳动节”的起源，可以追溯到上古时期。据西晋时期皇甫谧编撰的史书《帝王世纪》记载，每逢农历二月初二，部落首领伏羲和神农会亲自下田进行耕种。从节气的角度来看，二月初二大致对应于二十四节气中的惊蛰前后，此时气温逐渐回暖，冰雪融化，春天的气息重回大地。在这一天进行劳作被认为能够带来丰收的希望和吉兆。

在西周时期，周武王每年二月初二都会带领文武百官亲自下田耕种，并将这一天命名为“春龙节”。这一习俗在司马迁的《史记》中有明确的记载。

到了唐代，二月初二被正式定为“耕事节”或“劳农节”，有了合法的节日身份。皇帝依然要率领百官至田间劳作，虽然可能只是象征性地动动锄头。为了配合节日的喜庆气氛，农民们在下地播种时，也都要在农具上绑上喜庆的红绸。

清朝规定："凡七十以上耕者，免赋税杂差，劳农节赏绢一匹，棉十斤，米一石。"这就是劳动人民在劳动节的福利，像我们现代人春节单位分猪肉。

关于农历二月初二，古代还有一个有趣的传统——抢神牛。在这一天，各地官府会组织民众参加祭祀活动，并准备泥塑的祭牛作为祭品。仪式进行到高潮时，泥牛会被敲碎，让农民们争抢其碎片。传说，谁能抢到这些泥块并将它们放置于自家田地里，便能在新的一年获得丰收的好运。

清明和谷雨

有谚语云："清明谷雨两相连，浸种耕田莫迟延。"这说明清明、谷雨这两个临近的节气之间，是特别适合劳作播种的。在我国侗族聚居的地区，就有着"清明下旱种，谷雨撒迟秧"的生产习俗。为何此时适合播种？《农候杂占》就载明了缘由："清明断雪，谷雨断霜。"

在榕江地区的侗族，人们于清明节前后开始撒种时，会取几根鸡或鸭的羽毛，将其夹在竹竿或者五倍子树的枝条上，再把这些枝条插在田里，以此祈求秧苗能够顺利成长。而在天柱地区的侗族，则有着不同的传统，他们在播种时会在田边点香、烧纸，祭祀土地神和谷神，以表达对丰收的美好期盼。

视线从南方转至北方，山东省荣成市的渔民节在4月20日前后。此节日就起源于谷雨，延续两千余年后至清道光年间被定名为"渔民节"。沿海的渔民们会在谷雨这天向海神娘娘敬酒后，扬帆出海捕鱼，以祈求海神保佑、出海平安、鱼虾丰收。可见不管是农民还是渔民，只要是劳动人民，都非常重视清明和谷雨这两个节气。

农历七月初七

农历七月初七除了感天动地的牛郎织女故事外，民间还称其为"乞巧节"。其源于汉代民间做各种面点陈列于庭院，邀请天上织女来品评，借此祈求她赐予一双巧手，让自己变得心灵手巧。在我国第一部诗歌总集《诗经》中写道："七月流火，九月授衣。一之日觱发，二之日栗烈；无衣无褐，何以卒岁？三之日于耜，四之日举趾。同我妇子，馌彼南亩。田畯至喜。"描述的就是一幅古代劳动人民的农耕图。

在一年中最热的农历七月，尽管劳动人民可以在夜晚庆祝乞巧节，但白天他们仍然需要下地劳作。在完成了耕地松土和播种插秧之后，浇水施肥以及对农作物的精心照料就成了确保丰收不可或缺的环节。无论天气多么炎热，辛勤的劳动者都坚持进行农事活动，以期获得好的收成。

农历九月初九

秋天既是忙碌的收获季节，也是结束一年劳作的时刻。在依赖天时收成的古代社会，农历九月初九被称为"辞青"日。此时，随着草木逐渐凋零，气候条件也不再适宜大多数农作物的生长，劳动人民在完成秋收后可以获得一段短暂的休息时间。因此，他们选择在这个时候庆祝丰收，以此慰劳自己在过去一年中的辛勤付出。

此外，在中国古代的春节、端午节以及一些盛大的祭祀活动中，都包含了与劳动相关的仪式和活动。在这些节日里，人们怀着对自己的劳动能获得应有收获的美好期盼，通过祭天、祭地、祭水等仪式，祈求来年五谷丰登。这类活动不仅表达了对自然界的敬畏，也体现了人们对未来丰收的深切渴望和对辛勤工作的尊重。

由此可见，虽然中国古代没有一个称作“劳动节”的节日，但是，古人把劳动创造生活、劳动创造美的观念寄托在传统节日中，并传承到了今天。

资料来源：中国古代的劳动节．上海法治报，2019-04-28.

学思并进

（1）结合清明和谷雨两个节气的传统习俗，探讨古人选择在这两个节气之间进行播种的原因。这些习俗反映了古人怎样的自然观和生活智慧？它们对于现代社会的农业实践有何启示？

____

____

____

（2）除了牛郎织女的爱情传说外，“乞巧节”还蕴含着哪些与劳动相关的文化内涵？

____

____

____

善良作为一种卓越的品质，体现了一个人内心深处的善意，这是做人的基本修养。孟子所提到的“恻隐之心”，刘备倡导的“勿以善小而不为”，以及王阳明强调的“良知”，均是在鼓励人们心向善良，积极行善。作为当代青年学生，应当继承这种宝贵的精神财富，在处理事务时多考虑他人感受，多从集体利益出发。对于中职生而言，在日常生活中应不断学习和提升自我修养，始终坚守初心，坚持以善意对待每一个人，依据良心行事；当他人陷入困境时，及时伸出援手，给予帮助；在接受他人的帮助时，心存感激之情；学会换位思考，尝试站在他人的角度理解问题，看待世界。

学思并进

在生活中有哪些曾经触动你心灵的人或事？谈一谈这些人或事给你带来了怎样的影响。

____

____

____

（四）诚实守信

《论语·为政》中有这样的论述："人而无信，不知其可也。"意思就是说，一个人如果不讲诚信了，不知道他还有什么事情可以做好。这足以说明孔子对于"诚信"这一高尚品格的重视程度。我国历来尊崇儒家之道，诚实守信也是我国优秀传统文化的重要体现。人无信则不立，泱泱华夏上下五千年文明，我们历来重视对于诚信的追求。

在这个信息化迅猛发展、科技日新月异的时代，诚实守信对中职生尤为重要。诚信绝不是轻率空洞的言辞，而是体现在我们每个人实实在在的行动里；它也不是遥不可及的理想化概念，而是贯穿于我们日常生活的点点滴滴；诚信更非圣人独有的美德，而是源于我们内心深处的每一份善意和真诚。因此，诚信应成为我们行为的基本准则，融入我们的学习与生活之中，确保我们在成长的道路上秉持真实可信的态度，为构建一个更加和谐、互信的社会环境贡献自己的力量。

无论是在过去、现在还是未来，诚信都是不可或缺的一环。只有坚守诚信，才能使自己得以提高，才能与他人和睦相处，才能得到应有的尊重。

唯有立足于诚信，我们才能行稳致远，创造出更为丰富的人生价值。无论社会怎样变化，守住内心的信念底线，在诚信精神的指引下勇往直前，不欺骗、不隐瞒，这才是正确的人生态度。以更多的真诚与信任相待，站在诚信这片净土上，便能培育出人生最绚烂的花朵，构筑起坚不可摧的人生防线。秉持诚信，不仅为我们的生活增添色彩，也为我们的未来发展奠定了坚实的基础，使我们在人生的旅途中无惧挑战，稳步前行。

孔子像

拓展阅读

拾金不昧拒收“辛苦费”——诚实守信的好大姐

李洪珍是一位平凡的保洁员，然而在她服务过的小区里，凡认识她的人无不对她赞誉有加，称赞她是位道德高尚、诚实守信的大姐。

2017 年 8 月 20 日上午，李洪珍在海椒市街七号院门口进行街道清扫工作时，在路边偶然发现了一个黑色的手包。打开手包后，她发现里面装有一沓百元钞票、身份证、银行卡等物品。随后，李洪珍迅速与锦东社区的工作人员取得了联系。经过详细清点，确认手包内装有一千多元现金、一张身份证、三张借记卡、两张信用卡以及一些其他单据。

在社区工作人员的多方努力下，失主最终被找到，当天下午就来社区领回了失物。当时，失主要给李洪珍 500 元作为感谢，但被李洪珍婉拒：“钱我不要，捡到别人的东西就要还给人家，这是我该做的。”

在平时工作中，李洪珍经常遇到类似情况，她曾经捡到过手机、身份证、银行卡、首饰、钥匙等，每一次都会想办法寻找失主。她总是说：“任何人丢了东西都会焦虑不安，既然我捡到了，就应该主动归还，这是再平常不过的事。”为此她还摸索出自己的一套方法，“根据实际情况，有直接联系失主的、有张贴寻主启事的、有交居委会办公室处理的、有交派出所的……”李洪珍说，通常情况下，大多数失物都能很快找到失主，一时半会找不到的，她也会做好登记，以便失主回头寻找。

寻回失物后，很多失主表示要给李洪珍“辛苦费”，但她从来不收。“我做这些事情不是为了挣钱，做人本来就该诚实守信，这是一种美德，应该发扬下去！”

资料来源：杨甦．拾金不昧拒收“辛苦费”：诚实守信的好大姐．(2021-11-22) [2025-04-04]. http://sc.people.com.cn/n2/2021/1122/c345167-35015921.html.

学思并进

（1）古代中国流传着许多关于诚信的故事，比如季布的“一诺千金”、商鞅的“立木为信”等。在当代中国，同样不乏这样的例子，像万家四代摆渡人的故事、“诚信奶奶”陈金英的事迹等。现在，请你分享自己身边的诚信故事，以及这些故事给你带来的启示。

____

____

____

____

____

____

（2）中国人自古以来就非常重视诚信，有很多与诚信有关的名言警句，如孔子的“言必信，行必果”，王充的“精诚所至，金石为开”。请你想一想与诚信有关的名言警句还有哪些，并写下来。

____

____

____

____

____

____

二、弘扬家德，培育良风

家庭美德是指人们在家庭生活中调整家庭成员之间的关系、处理家庭问题时所遵循的高尚的道德规范。它是孕育个人品行的摇篮，也是维系家庭和睦的重要因素，更是维护社会秩序稳定的有力保障。

在中华民族五千多年的灿烂文明中，家庭教育始终占有一席之地。“羊有跪乳之恩，鸦有反哺之义”“德不孤，必有邻”“仁者爱人”“由俭入奢易，由奢入俭难”等德行观点、诗词名言、家规家训在中华优秀传统文化的浩瀚长河中比比皆是。尊老爱幼、互相关爱、勤俭节约、邻里互助等家庭美德，深深熔铸在中国人的血脉之中，是中华民族宝贵的精神财富。

（一）尊老爱幼

尊老爱幼体现为对长辈的尊敬与照顾，以及对晚辈的爱护和教育。中华民族自古以来就将尊老爱幼视为重要的美德，并且这一美德深深根植于我们的文化教育之中，例如在《三字经》《弟子规》等经典启蒙读物中，尊老爱幼都是不可或缺的教育主题。作为中职生，我们应当践行这一美德，通过与家人之间的相互理解、体贴和体谅，促进家庭和谐美满。这不仅是对传统文化的传承，也是培养个人品德和社会责任感的重要途径。

古人云："老吾老，以及人之老；幼吾幼，以及人之幼。"尊老爱幼不仅要求人们照顾好家里的长辈和晚辈，而且要求人们主动关心和帮助社会中的老人和儿童，以促进社会和谐。

（二）互相关爱

互相关爱要求家庭成员之间互相关心、互相爱护、互相帮助、互相理解、互相支持。家庭是人一生中最重要的生活环境，和谐的家庭关系对于个人的成长有着至关重要的影响。《礼记·礼运》中说："父子笃，兄弟睦，夫妇和，家之肥也。"意思是说，父母子女感情笃厚，兄弟姐妹齐心协力，夫妻恩爱和美，一家人一条心，家庭就能兴旺发达。在这样的家庭中生活，每个人都会感到无比幸福。因此，中职生要学会与家庭成员互相关爱、和睦相处，在处理各种家庭矛盾时坦诚相待，并持之以恒地珍惜、培育和增进与家庭成员之间的感情，才能与家庭成员一起构建起幸福的家庭。

拓展阅读

家风故事：让杨柳青年画"活"起来

"你也来试试印几枚年画印章，这里有'四季平安''长命百岁'……都是用传统文化中的吉祥图案来设计的，蕴含着美好祝愿。"国家级非物质文化遗产代表性项目杨柳青年画"玉成号画庄"第七代传承人张宏说。其实，将木版年画做成印章，使之符合年轻人的需求，这是女儿霍宇莹的主意。

由于他们对古老技艺的传承与创新，张宏的家庭荣获了 2023 年全国“最美家庭”称号。“这一荣誉认可了我们家庭在非物质文化遗产传承方面的执着努力，我们将秉持坚定的信念，继续沿着年画的传承与创新之路前行。”张宏说。

张宏的公公霍庆顺是首批“中国民间文化杰出传承人”，他尤其注重年画传承，多年来不断发掘整理年画资料。怀着对年画的向往，张宏向霍庆顺拜师学艺。28 年来，她痴迷钻研，成长为集“勾、刻、印、绘”技艺于一身的年画艺人。

“可以说，是整个家庭的氛围让我更愿意去钻研年画。”张宏说，“每次进入画坊，公公和家人总是安静地描摹年画，在观察和学习之中，我接触到了更深层次的技艺，来自长辈的肯定也让我更渴望将年画做得更好。”传承年画技艺不是一件容易的事，但张宏不求收益，只为热爱。张宏说：“如今，传统年画被越来越多的人熟知和喜爱，这说明我们一家一直以来的坚持是非常有意义的。我愿意走出去，让更多的人去了解年画，更喜欢年画。”

在家庭环境的深深影响下，女儿霍宇莹不仅以她年轻人的独特视角给予张宏许多灵感，还积极投身于年画传承的工作中。高中毕业时，她创作了很多年画作品赠予老师和朋友们；进入大学后，霍宇莹更是大胆创新，将传统的仕女图与现代时尚元素相结合，把年画设计成卡通形象，并印制在帆布包和 T 恤上，在校园内限量发放。

在创作虎年贺岁图时，张宏在女儿的建议下设计了一幅寓意着财源滚滚的《如虎添翼》，年画中的老虎形象颇受年轻人好评。

资料来源：叶晓楠，王圣婴. 家风故事：让杨柳青年画“活”起来.（2023-06-08）[2025-04-04]. http://society.people.com.cn/n1/2023/0608/c1008-40008603.html.

学思并进

在你的家庭中，有哪些温馨的瞬间？请与同学们分享。

____

____

____

____

（三）勤俭节约

中华民族一直就有勤俭节约的优良传统。从《诫子书》的“夫君子之行，静以修身，俭以养德”，到《颜氏家训》的“俭者，省约为礼之谓也”，再到《朱子家训》中的“一粥一饭，当思来处不易；半丝半缕，恒念物力维艰”……勤俭节约的良好家风始终为中国人所推崇。

勤俭体现为一种认真、踏实且可靠的生活态度，而节约则关乎财富的合理管理和有效使用，体现了物尽其用的原则。勤俭节约不仅是一种信念，更承载着沉甸甸的责任。这种责任面向国家、民族和家庭，蕴含着强大的力量。

正如俗话所说："一勤天下无难事。"作为新时代青年，我们应当培养勤俭节约的生活习惯，形成对资源的敬畏和感恩的价值观，并锤炼不畏艰难、勇于吃苦、抵抗外界诱惑的坚强意志。这不仅是对自我品格的一种提升，也是为社会进步和国家发展贡献力量的重要方式。通过这样的实践，我们不仅能实现个人价值的最大化，还能为构建更加和谐、可持续的社会环境添砖加瓦。

知识拓展

勤俭节约小贴士

1. 合理规划消费

每月初根据生活费情况制定详细预算，明确各项开支上限。

2. 饮食管理

减少外卖和零食支出，按需打饭，避免浪费粮食，践行"光盘行动"。

3. 水电节约

随手关灯、关水龙头，使用节能电器。缩短淋浴时间，合理设置空调温度（夏季≥26℃，冬季≤20℃）。

4. 交通出行

优先选择步行、骑行或乘坐公共交通工具，减少打车频次。

5. 文具用品

使用可替换笔芯的笔，重复利用笔记本、文件夹。

6. 培养环保意识

使用环保袋、水杯，减少一次性用品消耗。改造或捐赠旧衣物，延长物品使用寿命。

学思并进

在现代社会，随着物质生活的极大丰富和生活水平的持续提升，一些不和谐的现象也逐渐显现。例如，有人将未吃完的饭菜直接倒掉，洗手后不关紧水龙头，或是仅仅因为不喜欢就扔掉还剩很多可用页的笔记本。这些行为不仅导致了资源的大量浪费，同时也对环境造成了一定程度的破坏。

（1）在生活中，你还看到过哪些浪费现象？这些现象可能会带来哪些问题？

____

（2）中职生在生活中应怎样继承和发扬勤俭节约的优良传统？

（四）邻里互助

邻里互助是指邻里之间团结互助、彼此关照、和睦相处。通过邻里互助，人们可以建立起一种彼此信任和依赖的关系，并且从中获得更多的安全感和幸福感。如果邻里之间各种纠纷不断，彼此关系紧张，那么彼此的家庭都不会获得安宁。

邻里互助要求每个家庭成员都做到严于律己、宽以待人，与邻居真诚相待、相互帮助，从而建立起稳固而持久的邻里关系。这种互助精神可以在许多方面体现出来，比如帮忙照看邻居家的孩子或照料老人，协助搬运物品或修理家用电器；在遇到邻居时主动问候，以礼相待；或是邀请邻居来家中做客，分享自家制作的特色美食等。

此外，邻里间的互助不仅能解决实际问题，还能给人带来情感上的满足感。当成功帮助邻居解决了某个难题时，会体验到一种成就感，这种感觉能够增强自信和乐观的态

度，使彼此之间的关系更加紧密、和谐。通过这样的互动，不仅促进了邻里之间的和睦相处，也为社区营造了一个温暖、互助的良好环境。

拓展阅读

邻里互助，推动为老服务

为了使居民的老年生活更加丰富多彩，并持续提升他们的幸福感，上海市虹口区市民驿站嘉兴路街道启动了“老伙伴计划”。该计划采用结对互助的方式，让年纪较轻的老年志愿者为高龄老人提供家庭互助服务。同时，通过发挥党员的先锋模范作用，嘉兴路街道正探索建立老年友好型社区的长效机制，在养老服务领域不断深化和开展各项工作。

“这是一个晴朗的早晨，鸽哨声伴着起床号音……”一走进上海市虹口区市民驿站嘉兴路街道第一分站，嘹亮的歌声就萦绕耳边。每天，市民驿站内老年人书画、声乐、朗诵、舞蹈等培训轮番上阵，40 多个团队常年活跃，居民读书看报、下棋健身……市民驿站成了居民的“网红”打卡地。

“老伙伴计划”自 2012 年启动以来，嘉兴路街道已经拥有了许多热情参与邻里间互帮互助的“老伙伴”志愿者。这些志愿者成了高龄老人的知心朋友、贴心助手和暖心伴侣。

关注个体差异，让老人感受到温暖和关爱

董小琴阿姨是嘉兴路街道自建居民区平和大楼的一名资深志愿者，平日里总是笑呵呵的，逢人就打招呼。在“老伙伴计划”志愿活动中，董阿姨主动把电话写给结对老人，让他们有困难就找她，随叫随到。

独居的王奶奶住在 16 楼，年近 90 岁，之前不幸在家中摔倒，导致无法行走。得知这一情况后，董阿姨主动伸出援手，帮助王奶奶前往社区事务中心咨询如何申请长期护理保险，并准备齐全所需材料进行申请。王奶奶深受感动，每次见到人都会说：“小董虽然不是我的亲人，但是她比亲人还要亲！”

董阿姨住在 14 楼，这一层还有她结对的独居老人俞奶奶，今年已 90 岁高龄，董阿姨隔几天就会替俞奶奶买菜，陪着老人聊聊天，每个月还固定替俞奶奶去社区医院配药。

董阿姨说：“作为一名老伙伴志愿者，我希望通过自己有限的力量给老人们带去欢乐和温暖，每当看到老人们从焦急不安到面露微笑，我感到无比骄傲和幸福，也收获了无尽的感动和快乐。我会继续坚持下去。”

老伙伴志愿者是一群满怀爱心与热情的热心人士，他们奉献自己的时间与精力，为社会福利事业贡献力量。尽管他们大多已年过花甲，但他们依然保持着对生活的热爱和

对社会责任的担当。

沈慧萍是飘鹰居委会的居民，今年69岁，是一名老伙伴志愿者。作为飘鹰居民区党总支第三支部的书记，她一直坚持参与社区公益活动。

在居委会辖区内的飘鹰花苑小区，有一位独居老人，头顶长了一个脓包，而他的子女因不在他身边无法时常照料。每当老人需要帮助时，沈慧萍阿姨总是主动陪同他去医院就诊并悉心照看。除此之外，沈阿姨还会定期拜访这位独居老人，陪他聊天或者一起散步，并协助处理日常生活中的各种琐事。

沈阿姨时常说："帮助独居老人需要关注每位老人的个体差异，要尊重他们的意愿和需求，从而与独居老人们建立信任和亲近的关系，使独居老人可以感受到社会的温暖和关爱，提高他们的生活满意度和幸福感。"

发挥党员先锋模范作用，传递志愿服务正能量

虹口区的人口密度大、老龄化程度高，养老服务需求十分突出。瑞一居民区是嘉兴路街道"守初心·嘉友老伙伴计划工作室"的试点居民区，依托"家园党建"，在老伙伴党员志愿者孙东娣的带领下，党员们始终走在为老服务第一线。

孙东娣阿姨在小区里结对了六七位高龄老人，患有阿尔茨海默病的林伯母就是其中一位。孙阿姨每天都会到她家拜访，一次林伯母摔倒，孙阿姨连忙赶去，从地上搀扶起老人，并轻声细语安慰她，不料林伯母突然情绪失控，用指甲划破了孙阿姨的皮肤，孙阿姨却不急不躁，放慢语气安抚她："认识我吗？"温柔的声音慢慢唤醒了老人。

为了悉心照料这些老人，孙阿姨每天的行程都安排得既紧凑又充实：凌晨五点就开始煲汤，然后手捧着这锅充满爱心的浓汤，逐户走访她的老伙伴们，关心他们的近况……无论是寒冷的冬天还是炎热的夏天，她年复一年地坚持这样做，乐此不疲。孙东娣用她的行动诠释了无私的关怀和奉献。

为丰富市民驿站老年人精神文化生活，孙东娣想了很多方法。

每天，她都要协助老人量血压，为了活跃老人思维，她用手机为老人播放新闻，还会有意"考一考"他们，请老人说一说自己听到的内容。吃完水果扔果皮的时候，她还会借机教老人垃圾分类。晚上回到家，她还挂念着老人，时常通过微信、电话关心他们的生活……

先前，市民驿站入口处的台阶较高，使得轮椅难以通行，孙阿姨忧虑在雨天时，这可能会对老人的安全构成威胁。于是，她向街道的相关管理部门反映了这个问题。很快，这一安全隐患得到了解决。老人们出行的安全得到了保障，孙阿姨也安心了许多。

孙东娣作为"老伙伴计划"的骨干志愿者，她的亲切、幽默传遍了嘉兴路街道，大家都喜欢叫孙东娣"正能量阿姨"。问起孙阿姨为什么这么热衷于社区志愿工作，孙阿姨说，她的爱人生前因病瘫痪，在生命的最后一段时间里得到了社区很多关心。因此，

她想将这份关怀传递给更多人。

在嘉兴路街道，越来越多像孙东娣一样的老伙伴志愿者活跃在社区的各个角落，成为社区高龄老人的知心人、贴心人、暖心人。将党员的先锋模范作用像种子一般播撒在社区，推动党建引领在为老服务领域做深做实。

深化队伍建设，积极构建社工队伍梯队培养链

为探索建立老年友好型社区长效机制，嘉兴路街道结合深化社区治理工作要求和社区骨干队伍建设，开展岗位带教，发挥好“传帮带”作用，积极构建社工队伍梯队培养链。

面对社区居民的需求，怎样才能更精准、更迅速地解决？嘉兴路街道天水居民区党总支书记王玥婷积极推动将便民服务点引入社区和楼栋。在原有的日常走访制度基础上，她增加了小区楼栋定时定点咨询服务点，并制定了详细的便民服务清单，改变了以往等待居民上门的方式，转而主动走向居民，及时解决他们的急难愁盼问题。王玥婷表示：“做好准备才能避免问题发生，服务清单也会依据居民的反馈持续更新。”

此外，她聚焦居民群众的需求，整合社区各方资源，通过社区商户联建，打造社会治理共同体，着力改善了申强公寓小区环境面貌——花坛围栏修复了，主干道上的窨井盖填补了，道路路灯也全都亮了起来。“在从一名普通的社工成长为一名社区党总支书记的路上，我和带教书记共同成长、教学相长。现在，我深深觉得，在社区治理的路上，大家并肩前行，一定能走得更长更远。比如持续通过党建联建，整合社会资源共同参与，在社区内开展法律咨询、科普讲座、便民义诊等活动，让居民不出楼栋、不出小区，就可以解决问题，享受资源和服务，持续提升幸福感。”王玥婷说。

“我们的目标是切实提升基层社区的治理能力，同时也为社会工作者提供更佳的个人发展平台，用治理能力和实际效果说话。”嘉兴路街道的相关负责人表示，与传统的社区干部选拔方式不同，通过“竞聘上岗”的优秀社区工作者具备扎实的专业技能和良好的群众基础，可以为增强居民区的凝聚力、创造力及竞争力提供有力保障。

嘉兴路街道举办的社区干部能力提升培训班结合社区干部的工作实际和能力提升需求，运用多元化教学方法，围绕基层党建引领基层社会治理创新、社区资源整合与居民参与、社会服务项目的设计与策划等内容，设置理论课程、现场教学、分组讨论、课题汇报等模块。培训旨在提升基层社工队伍履职能力，增强社会力量参与基层治理的积极性、广泛性，加强基层社区治理骨干队伍建设，努力打造一支与社区发展相匹配的高素质基层干部队伍。

资料来源：沈文敏．邻里互助，推动为老服务．(2024-05-27)[2025-04-04]．http://gs.people.com.cn/n2/2024/0527/c183356-40858499.html.

学思并进

读完上文，你有什么感想？

____

____

____

____

____

三、践行公德，树立新风

社会公德就是社会公共道德，是社会全体成员普遍认可并遵循的道德准则。对于个人来说，遵守社会公德应该做到遵纪守法、文明礼貌、助人为乐、爱护公物等。

（一）遵纪守法

遵纪守法指的是遵守国家的法律法规，尊重他人的合法权益，并遵循社会的道德规范。它是维持社会和谐与安宁的关键因素之一。没有法律，国家无法实现良好的治理；没有法律，人民也无法确保自身的权益。当每个人都遵守法律和规章制度时，社会才能保持稳定，经济才能得到持续发展；反之，如果缺乏法律的约束，社会的各项秩序将无法得到保障，人们的生存与发展环境也会受到损害。

绿灯过马路

遵纪守法是每个公民应具备的基本素质和应履行的基本义务。中职生应增强法治观念，在生活和学习中严格遵守各项法律法规，自觉维护公共秩序，不做违法乱纪的事，做到知法守法。

知识拓展

怎样做一名遵纪守法的好公民？

要想成为一名遵纪守法的好公民，中职生应做到以下几点。

1. 守法首先得知法

通过阅读相关图书、观看普法视频等方式积极、主动地学习法律常识。

2. 严格要求自己

在任何时候，中职生都要严格要求自己的一言一行，要从遵守交通规则和学生守则、培养垃圾分类习惯等日常生活行为抓起，从不断提高自身规则意识做起，不能有“我从不闯红灯，今天赶时间闯一次，应该不会有问题”“这里没有垃圾桶，我只能把垃圾扔在地上”“这里应该没有人看到，我偷偷摘一朵花回家也没事儿”等侥幸心理。

3. 遵守公共秩序

例如，在候车时，应按顺序在站台上排队；上车后，不与他人争抢座位，遇到老人、残障人士、孕妇或幼儿时，应主动为其让座；在公园或景点游玩时，不在不让拍照的地方强行拍照，不践踏草坪、攀折树枝、攀爬雕塑作品，不乱写、乱刻、乱画；观看比赛或演出时，应积极配合组织者的要求，提前、有序入场，并遵守秩序，不站立在通道上，不大声说话，不四处乱晃；等等。

4. 积极参加普法宣传活动

如模拟法庭、交通安全知识教育课、普法知识趣味问答、普法辩论赛、法治情景剧等。在实践中明确学法的意义，了解违法的后果，知晓用法的途径等。

学思并进

为了保护未成年人的身心健康，确保他们的合法权益得到全面保障，并促进他们在道德、智力、体能、审美及劳动技能等方面的全面发展，我国制定了《中华人民共和国未成年人保护法》。该法旨在保护和培养有理想、有道德、有文化和有纪律的社会主义建设者和接班人，以及能够承担起民族复兴重任的新时代人才。

此外，为了维护未成年人的心理和身体健康，帮助他们养成良好的行为习惯，并有效预防未成年人犯罪，我国还制定了《中华人民共和国预防未成年人犯罪法》。通过实施这两部法律，可以为未成年人创造一个健康、积极向上的成长环境，助力他们成为社会的有用之才。

（1）假如让你做一名普法宣传员，在学校里宣传《中华人民共和国未成年人保护法》和《中华人民共和国预防未成年人犯罪法》，你准备用什么形式进行普法宣传？

（2）请你在课后查阅相关资料，认真学习《中华人民共和国未成年人保护法》和《中华人民共和国预防未成年人犯罪法》。将学习体会写下来。

（二）文明礼貌

文明礼貌是人们在社会交往中应遵循的一种行为规范。它代表着一个国家、一个社会的道德水准和文明程度，也反映了一个人道德素质的高低。

文明礼貌要求我们在社会交往过程中遵守一系列的行为准则，包括尊重他人、待人礼貌以及关心他人等。它不仅体现在我们的行为举止上，也表现在我们的话语表达中，比如经常使用“您好”“谢谢”“对不起”“不客气”等礼貌用语，并遵循如敬礼、握手和互相问候等社交礼仪规范。如果每个人都能践行文明礼貌，那么整个社会将充满温馨和谐的氛围，人与人之间的交流将更加亲切、友好。通过这样的行为方式，我们可以共同营造一个更加和睦、文明的社会环境。

品读风雅

1. 凡人之所以贵于禽兽者，以有礼也。

——《晏子春秋》

2. 土扶可成墙，积德为厚地。

——李白《相和歌辞·君道曲》

3. 非仁无为也，非礼无行也。

——《孟子》

4. 爱人者人恒爱之；敬人者人恒敬之。

——《孟子》

（三）助人为乐

助人为乐就是以帮助他人为快乐。“每有患急，先人后己”“摩顶放踵利天下，为之”“忽己之慢，成人之美”“君子贵人而贱己，先人而后己”“一方有难，八方支援”“扶危济困”……中国许多关于助人为乐、成人之美的处世格言，都生动地诠释了助人为乐的道德内涵。

助人为乐一直是中华民族的传统美德。例如，南朝时期的严植之曾救助了一位生病的路人，不仅拒绝了对方终生为仆的报答意愿，还资助其路费和食物让其得以返乡；清代的郑成仙一生节俭，却慷慨解囊将木桥改建为石桥，极大地方便了人们的出行。中华人民共和国成立以来，社会上涌现了许多助人为乐的典范，比如用双手接住从高处坠落的孩童而被誉为“最美妈妈”的吴菊萍，在节假日坚持前往福利院和孤儿院照顾老人与儿童的山东青年李根等。这些人物的故事展示了助人为乐这一美德如何在中华大地上代代相传，并成为中华民族克服重重困难、不断前进的重要精神支柱。

积小善为大善，善莫大焉。当有人需要帮助时，大家搭把手、出份力，社会将变得更加美好。中职生应把助人为乐、提高自己的道德品质作为长期努力的目标，坚定助人为乐的道德意志，做到乐己助他，不做损人利己的事情，在服务社会、助人为乐中提升人生境界，实现美好的人生追求。

拓展阅读

拾金不昧，彰显人间善举　助人为乐，尽显时代风采

中国银行广饶大王镇支行的员工在例行检查 ATM 机时，发现出钞口遗留有现金。支行秦行长迅速响应，立即将现金安全保管，并启动了对 ATM 机监控录像及交易记录的详细调查。经过仔细分析监控视频，工作人员注意到一位客户在操作过程中持续接听电话，注意力分散，导致遗落了现金。然而，在进一步核查 ATM 机的交易信息后，发现该客户是使用农业银行的银行卡进行交易的，由于不是本行客户，未能直接获取其联系方式。

为了确保客户的资金安全，避免客户遭受经济损失，支行工作人员迅速行动起来，及时与当地农行取得联系。经过一番积极沟通与协调，在当地农行工作人员的热心帮助

下，他们终于成功联系上了客户。

接到通知后，客户心急如焚，匆匆赶到支行网点。支行工作人员以严谨负责的态度，仔细核对了客户的身份信息，确认无误后，将钱款如数归还给客户。客户对支行工作人员拾金不昧的高尚行为给予了高度赞扬，对工作人员的专业素养和高尚品德更是称赞有加。客户表示，若不是工作人员及时发现和全力寻找，自己将遭受经济损失。为表感激之情，客户特意带来一箱水果。

支行工作人员婉言谢绝了客户的谢礼，并表示作为中国银行员工，诚信服务是基本职业准则，拾金不昧是应尽的责任和义务。

资料来源：郭林童. 拾金不昧，彰显人间善举；助人为乐，尽显时代风采.（2025-03-19）[2025-04-04].https://www.sohu.com/a/873161796_121332524.

学思并进

请举例说明，在你的周围有哪些行为体现了助人为乐的精神。作为中职生，我们怎样才能在日常生活中积极参与到帮助他人的活动中去，同时又能保证自身安全和权益不受侵害？

____

____

____

____

（四）爱护公物

爱护公物指的是珍惜和保护社会共有的财产，这是每个人的责任。唯有每个人都积极参与到爱护公物的行动中来，社会的公共资源才能更好地服务于大众。作为中职生，我们应该增强爱护公物的意识，具体表现在爱护公共基础设施上，比如：不在公共建筑和宣传牌上乱涂乱画；不破坏如路灯、广告牌、垃圾箱、健身器材及休闲座椅等公共设施；保持公共区域的清洁卫生，不随意丢弃垃圾；在公共绿地上不践踏草坪，不无故攀折树木和花草，不随意采摘路边的果实等。

学思并进

（1）在生活中，你看到过破坏公共财物的行为吗？假如你看到了，你会怎么做？

____

____

（2）你认为如何做才能号召更多的人爱护公物？

要点归纳

本专题全面探讨了个人品德修养的重要性及对个人成长和社会和谐的深远影响。通过深入分析爱国奉献、明礼遵规、勤劳善良、诚实守信等品质，强调了这些品质在推动个体进步和社会发展中的关键作用。同时，本专题弘扬家庭美德，如尊老爱幼、互相关爱、勤俭节约及邻里互助，凸显了家庭对于个人品行培养的重要性。最后，通过对遵纪守法、文明礼貌、助人为乐、爱护公物等的讨论，鼓励每个人在日常生活中落实这些道德准则，共同营造一个更加和谐美好的社会环境。总之，本专题不仅为读者提供了深刻的理论指导，还激励大家以实际行动提升自我修养，为社会的进步贡献力量。

学习探索

环保行动——绿色校园计划

【活动描述】

发起一场名为“绿色校园计划”的环保行动，目的是培养学生的环保意识，鼓励他们在日常生活中采取实际行动保护环境。该活动包括环保讲座、废物回收利用工作坊以及校园清洁日等内容，让学生们了解到环境保护的重要性，并学会如何在实际生活中减少污染，节约资源。

【活动分组】

全班学生每 4 ~ 6 人为一组，各组选出组长并进行分工，将小组成员及分工情况填入下表。

小组成员及分工情况

班级：　　　　　　　　　　　　组号：　　　　　　　　　　　　指导教师：

小组成员	姓名	学号	任务分工
组长			
组员			

【活动准备】

（1）联系环保专家，确定讲座的时间和内容。

（2）准备废物回收利用所需的工具和材料，如剪刀、胶水、旧报纸等。

（3）宣传活动信息，动员全校师生积极参与。

【活动实施】

各组按照分工开展“绿色校园计划”环保行动，并将具体实施情况记录在下表中。

活动实施情况记录表

时间安排	实施步骤

【评价反馈】

各组配合指导老师填写下面的考核评价表。

考核评价表

评价内容	分值	得分
参与活动的积极性、主动性	25	
团队协作能力	25	
独立思考能力、创新能力	25	
对环保意识的提升	25	
教师点评：		

专题二

文化底蕴，提升个人风采

内容导航

本专题详细探讨了如何通过增强文化底蕴来提升个人的综合素养与风采。首先从阅读经典、涵养内心的角度出发，强调阅读经典的重要性，并提出有效汲取精神养分的方法；其次，阐述了研史明智、借古鉴今的意义，指出历史作为智慧宝库对个人和社会发展的启示作用；接着探讨了追求真理、善于思辨的主题，分析了科学素养的四个组成部分——科学兴趣、科学方法、科学知识和科学精神，并强调它们对于现代社会每个人的重要性；最后，提出了学无止境、追求卓越的理念，鼓励人们树立终身学习的态度，通过“读万卷书，行万里路”，我们可以不断丰富自己的文化素养和内涵，以更加开放的心态面对未来，实现自我价值并对社会做出贡献。

学习目标

- **知识目标**

1. 理解阅读经典在提升文化素养、开阔视野、深化思考和丰富内心世界方面的重要作用。
2. 认识历史作为智慧宝库的作用，理解历史对看待现实、预见未来的重要性。
3. 明确科学素养的四个组成部分，并理解其在现代社会中的重要性。
4. 理解文化素养是综合素养的重要体现。

- **技能目标**

1. 学会选择经典作品。
2. 学会从历史中汲取智慧和分析历史规律与哲理。
3. 培养批判性思维和逻辑推理能力，能够用科学的方法分析和解决问题。
4. 掌握通过阅读、实践和反思不断提升自身文化素养的方法。

- **素质目标**

1. 激发对阅读经典的兴趣，并将其视为一种生活方式，从而提升个人气质和内在修养。
2. 培养对历史的敬畏和责任感，增强从历史中汲取智慧、服务现实的意识。
3. 激发对科学的兴趣，培养实事求是的探索精神、敢于创新的品质，以及对未知世界的好奇心。
4. 树立终身学习的理念，培养在快速变化的社会中不断学习、适应和解决问题的能力。

探索新知

翠云廊古柏：千年翠绿的守护者

脚下是古道，眼前是千年文明的年轮

在川北崇山峻岭间，一条蜿蜒三百余里的绿色长廊横贯古今，这便是被誉为“世界奇观”的翠云廊。它以剑阁古城为中心，在北接昭化，南通阆中，西连梓潼的古蜀道上，12 000余株古柏如卫士般矗立。剑阁境内有近8 000株，其中风景最优美的部分在北距剑门关7公里的大柏树湾，如今已是国家5A级旅游景区——翠云廊。

2023年7月25日，习近平总书记来到翠云廊考察时强调：要把古树名木保护好，把中华优秀传统文化传承好。如今，这片跨越两千余年的生态活化石正焕发生机。

每一棵古柏都是活着的史书

翠云廊得名于清初剑州知州乔钵的诗。清康熙三年，乔钵在游览了剑门古道后欣然题诗：“剑门路，崎岖凹凸石头路。两行古柏植何人？三百长程十万树。翠云廊，苍烟护，苔花荫雨湿衣裳，回柯垂叶凉风度……”自此翠云廊名扬天下。

这条绿色长廊的形成历经七代接力。从秦代松柏道到明代官道林，翠云廊经历了七次大规模植树。据考证，最早的古柏可追溯至秦代，秦始皇统一中国后修筑驰道“道广五十步，三丈而树”，开启人工行道树先河；此后三国张飞令军民植柏、北宋仁宗颁布《栽植令》、明代知州李壁发动百姓“植松柏数万株”，七次大规模植树最终造就了这片“三百长程十万树”的奇观。此后翠林荫道，蜿蜒如龙，今人称为“翠云廊”，该地成为闻名中外的名胜旅游区。

“护树如护命”的千年传承

翠云廊能够千余年苍翠环绕，既得益于剑门山区气候和土壤适宜柏木生长，也源自当地百姓把植树护路当作行善积德的义举。

中华人民共和国成立以后，政府十分重视对翠云廊古柏的保护，采取果断措施，禁止砍伐，颁布了古柏管理条例。目前，剑阁县翠云廊古柏自然保护中心对古蜀道沿线的古柏进行了逐株普查登记，建立电子信息档案，随时对古柏生态环境、生长发育和保护现状进行动态监测，便于制定保护措施。翠云廊古柏树龄长、脆性大，当地通过抱箍加固、树洞修复、定期施药等措施，让千年古树重焕生机。

年轮镌刻千年，古柏诉说春秋

穿行翠云廊，如同阅读一部立体的史诗，每株古柏都被赋予鲜活的名字与传说，承载着民族集体记忆。因这些古柏有不同的形状和神奇的传说，老百姓给它们起了动听的名字，如“剑阁柏”“松柏长青树”“阿斗柏”“夫妻柏”“关刀柏”“帅大柏”“状元柏”等。

其中“剑阁柏”堪称植物界的“活化石”。这株高29米的巨树，东侧针叶似松，西侧短叶如柏，果实兼具松柏特征。这棵树经国家林业科研所鉴定，属于柏树品种中的一个古老品种，是当今世界上保留下来唯一的一棵，被定名为“剑阁柏”。它不仅是国宝，也是世界珍宝。有人专门写诗赞道：“柏骨松姿不自喧，只身直上白云间。三千岁月风流在，一片深情荫剑山。”

古道翠云书千年，剑门柏影护华章

如今的翠云廊，既是生态屏障，更是文化课堂。清晨，孩子们在“状元柏”下诵读《蜀道难》；午后，研学团队手持电子设备，扫描树牌即可观看古柏的前世今生……

“我们开发了蜀道徒步等旅游路线，将古柏故事融入沉浸式体验。”当地工作人员介绍道。当夕阳为翠云廊镀上金边，古柏投下的斑驳树影仿佛千年时光的具象。从秦始皇的松柏道到新时代的生态长廊，从乡规民约到智能监测，这片绿色奇迹始终在诉说着一个真理：真正的文明，从不是对自然的征服，而是与之共生共荣的智慧。

如今，各地游客漫步翠云廊，感受着中华优秀传统文化的博大精深，续写着文明与生态共生共荣的新篇章。

资料来源：《光明日报》调研组 . 翠云廊古柏：千年翠绿的守护者 .（2024-10-18）[2025-04-23].https://news.gmw.cn/2024-10/18/content_37620879.htm.

思考

文中提到翠云廊村民自古就将护树视为“行善积德的义举”，新时代更是通过“一树一档”制度实现科学保护。请结合这一传承思考：在文化遗产保护中，如何传承弘扬这种“护树如护命”的集体责任感？这种精神对当代青年践行“绿水青山就是金山银山”理念有何启示？

素养追寻

一、阅读经典，涵养内心

书籍作为文明传承的关键媒介，是推动人类不断前进的重要工具。开卷有益，读书能够增长智慧。虽然阅读可能不会立刻为你带来物质上的回报，但它能够在你遭遇困境时给予你仰望星空的希望，在你面临艰难时帮助你保持内心的安宁和坚定。

知识拓展

人为什么要读书?

时常有人会提出这样的疑问：读书究竟有什么用？最终大家还不是要为了生活而忙碌，过着平凡的日子，何必如此折腾自己？那么，读书的意义到底在哪里呢？接下来是一些关于读书意义的回答，希望能为你带来启发。

（1）你的脚步无法触及的地方，文字能够带你抵达；你的视线无法到达的远方，文字同样可以展现。读书就像是最经济实惠的旅行方式。通过阅读，你可以探索世界的每一个角落，遇见各种伟大的人物和思想家。只需翻开一本书，便能瞬间进入一个全新的世界。

（2）读书的意义有两个：一是使人不卑不亢地活着；二是使人内心丰盈。

（3）读书能让我们明白世界的运行规则，更好地认识自己。

（4）读书会让你成为一个有温度、有情趣、会思考的人。

（5）读书可以让你将来不仅能和你的爱人讨论柴米油盐酱醋茶，还可以谈论琴棋书画诗酒花。

（6）通过读书，你可以体验 1 000 种人生。我们没有办法无限延续生命的长度，但可以增加生命的宽度和厚度，读书便是最好的方法。

（7）你的气质里，藏着你读过的书。作家三毛曾说：“读书多了，容颜自然改变。许多时候，自己可能以为许多看过的书籍都成了过眼云烟，不复记忆，其实它们仍是潜在的。在气质里，在谈吐上，在胸襟的无涯，当然也可能显露在生活和文字里。”

（8）读书能解决 80% 以上的迷茫。有人写信给杨绛，表达内心的困惑。杨绛回复：你的问题主要在于读书不多而想得太多。

（9）多读书的目的并非要学会如何雄辩，而是在遇到问题时能够有更多的思考与权衡，减少盲从和轻信。如果你通过广泛阅读培养了辨别能力，并形成了自己的见解，就不会轻易随波逐流，人云亦云。

（10）生活的一切不解与疑惑，都能在书中找到答案。无论是驱赶迷茫，还是对抗平庸，读书都是最简单也最实用的方法。

学思并进

观点一：每个人都有自己的学习方式，有些人喜欢通过阅读文字来吸收知识，而有些人则倾向于通过聆听音频或观看视频来进行学习。实际上，通过观看电视节目、电影或者短视频也能够获取大量信息，而且这些方式所带来的知识收获未必逊色于读书。

观点二：“在轻松愉快中学到了知识”这种观念往往是一种错觉，实际上你可能只是在享受娱乐。真正的阅读或学习型阅读是一项需要付出艰辛努力的过程，它涵盖了记忆、理解、联想等多个环节，并且还包括经历困惑、怀疑和否定等深层次思考，正如古人所言，“博学、审问、慎思、明辨、笃行”。很少有知识能够在毫无压力的愉悦氛围中被轻易吸收，也很少有技能不经过反复实践和锤炼就能被熟练掌握。因此，有效的学习通常是一个既充满挑战也充满深度思考的过程。

（1）你认同上述哪种观点？为什么？

____

____

____

____

（2）你多久读一次书？你喜欢读什么类型的书？有人说，读书如择友，你读什么书，能决定你将成为什么样的人。你如何理解这句话？

那么，我们应该读哪些书呢？众所周知，经典著作记录了人类文明的发展历程，是一个国家和民族精神文化遗产的重要承载形式，它们经受住了时间的考验，代代相传。通过阅读经典著作，我们不仅能更好地理解人类社会的发展脉络，还能够提升我们的思辨能力，丰富我们的内心世界。

经典著作蕴含着丰富的人生体验和对世界的深刻认知，是人类不断探索、积累经验并世代相传的结晶。为了更有效地从这些经典著作中汲取精神养分，我们可以从以下三个方面着手：

第一，一边读，一边去了解这本书的社会背景，这是读懂一本经典的起点。

第二，试着把自己代入，结合书中的内容一起去体验、感受、思考。

第三，读外国作品时，要注意文化和语言的差异。

在阅读经典的同时，我们还要阅读生活这部“大书”，在生活实践中加深对经典的理解。不能为了读经典而读经典，要明确阅读经典的目的是丰盈自己的内心，促进自己的成长，提升自身的修养。

正如人们常说的，“腹有诗书气自华”。我们应该努力培养对阅读的热爱，将阅读视为一种生活方式，通过阅读经典来滋养心灵，把在阅读过程中获得的感受、体验和想象转化为个人修养的一部分。这样不仅能够提升自我气质，还能让我们的内心世界更加丰富多彩。

二、研史明智，借古鉴今

历史是智慧的宝库。任何民族、国家的发展都必须根植于自身的历史文化传统之中。关于读史、知史的重要性，古今中外许多思想家、政治家都有过精辟的论述。清代著名思想家龚自珍说过“欲知大道，必先为史”，章太炎认为“不读史书，则无从爱其国家”。

人类社会总是在继承前人的智慧和经验的基础上不断向前发展的。历史就像一幅幅绚丽多彩的画卷，展示着不同时代的社会风貌；又像一个个生动鲜活的人物传记，揭示了无数先辈的生活轨迹。这些历史记载不仅反映了过去时代的规律和社会法则，也蕴含了为人处世的深刻哲理。可以说，历史是我们最好的老师，它通过具体的实例和长时段的发展趋势，为我们提供了无尽的知识宝藏。

“读史使人明智”，这句名言强调了阅读历史对于提升个人智慧的重要性。“知古方能鉴今”，了解过去是理解现在、预见未来的钥匙。因此，我们应当积极努力地提高自己的历史素养，深入阅读历史、理解历史，从中汲取成长所需的丰富养料。在这一过程中，我们不仅要学习那些成功人物的经验，也要从失败的例子中吸取教训，明白每一个决策可能带来的后果。这样，我们就能不断提升辩证分析问题的能力，学会从多角度分析事物，从而更好地理解现实世界的复杂性，并对未来的发展进行深思熟虑的规划。

通过不断地向历史学习，我们不仅能更加全面地认识社会的发展规律，还能培养出一种长远的眼光和深刻的洞察力，使我们在面对生活中的各种挑战时，能够做出更为明智的选择；我们不仅能够丰富自身的知识体系，更能为实现个人价值和社会进步贡献力量。这样的学习和反思过程，将帮助我们在未来的人生道路上走得更加稳健、自信。

拓展阅读

季羡林的读书治学之道

勤奋是季羡林治学的基石。他每日清晨四点起床，沉浸于书海与写作中，数十年如一日。他对时间的珍视近乎苛刻，利用一切零碎时间进行思考与学习，无论会前会后还是旅途中，皆不放过。这种持之以恒的精神，如明灯照亮他学术探索之路。

广博积累是季羡林治学的显著特点。他拥有跨学科视野，主张研究者应广泛涉猎，人文科学与社会科学研究者需学习科学技术知识，精通自然科学更佳。他精通多种语言，为学术研究筑牢根基。他一生读书无数，笔耕不辍，在知识海洋中不断拓展自己的广度。

严谨治学是季羡林的坚守。他秉持“竭泽而渔”式搜集资料的理念，力求详尽。以问题为导向，注重研究深度与针对性，专注精神令人钦佩，倡导抓住问题深入钻研。同时，他将学术道德视若珍宝，强调学术良心，坚决反对抄袭、弄虚作假，认为学术应真实可靠且服务于大众。

在读书方法上，季羡林重视经典阅读，视经典为智慧结晶。他在阅读中注重思考，善于挖掘书中的深刻内涵，追求“心有所悟”。他积极倡导知识交流与分享，认为读书应是共同进步的行动。

季羡林的人生感悟被深深融入他的治学之道。他秉持着“处世哲学”，认为人应处理好与自然、他人及自身思想感情的关系，追求和谐。他淡泊名利，主张消除私心，以平和心态对待学术与生活。这种超脱物欲的境界，使他在治学路上心无旁骛。

季羡林的读书治学之道，是他留给我们的宝贵财富。在当今时代，我们应汲取季羡林的治学精髓，在知识的海洋中努力遨游，追求真理，不断提升自己。

资料来源：德培．季羡林的读书治学之道．梅州日报，2024–10–03．

学思并进

通过科学的方法将前人的经验与教训转化为后人的智慧，这样的“读史”才能真正让人变得“明智”。有人将阅读历史的过程分为三个层次：史实、史观和史鉴。史实指的是准确了解过去实际发生的事情；史观涉及我们对这些史实的理解和解释，包括对其的评价；史鉴则是从历史中汲取教训，使其服务于现实，并启发未来。这样分层次的读史方法，有助于我们全面深入地掌握历史知识，并将其应用于当下和未来。

你现在属于哪个层次？你以后准备如何改进自己学习历史的方式？和周围的同学探讨一下，写一写你的计划吧。

____

____

三、追求真理，善于思辨

科学在不断揭示客观世界和人类自身规律的同时，极大地推动了人类思维方式的发展和认知水平的提升。通过科学研究和技术进步，我们不仅获得了对自然界的深刻理解，还促进了社会各个方面的变革与进步。科学所蕴含的科学精神和伦理观念已经成为现代先进文化不可或缺的一部分，持续提升着人类的精神境界。

科学素养并非仅限于科学家所需，而是当今每一个现代人都应具备的基本素质。科学不仅是一系列的知识体系，更是一种独特的思维方式。这种思维方式结合了严格的怀疑态度与对新思想的开放接纳。正是这种思维方式促使我们在面对未知时既能够保持谨慎，又敢于探索新的可能性。无论是在经济领域还是在政治领域，科学思维的应用都是必不可少的。例如，在制定政策时需要基于数据和事实进行分析，在解决复杂的社会问题时也需要采用系统性思考的方法。因此，提高全民科学素养，普及科学思维方法，对于促进社会发展、增进人民福祉具有不可替代的重要意义。通过培养科学素养，我们可以更好地适应快速变化的世界，迎接未来挑战，并为构建更加和谐、繁荣的社会贡献力量。具体来说，科学素养包括科学兴趣、科学方法、科学知识和科学精神四个方面。

（一）科学兴趣

个体对自然界、科学技术以及相关知识领域所持有的好奇心和探索欲望就是科学兴趣。这种兴趣不仅包括对具体科学现象的观察与理解，还涵盖了对科学研究方法、逻辑推理及解决问题技巧的热情追求。拥有科学兴趣的人通常表现出对未知事物的高度敏感性和求知欲，乐于通过实验、观察和理论分析来深入了解世界的运作机制，并试图解答各种自然和社会现象背后的原因。科学兴趣能够激发个人持续学习的动力，促使其在科学领域不断深入探究，同时也为其提供了一种独特的视角去理解和改造世界。对于培养创新思维、提升实践能力以及加深对复杂问题的理解等方面，科学兴趣都起着至关重要的作用。

拓展阅读

培养青少年科学兴趣重在体验

全国政协委员王立平是我国首位“太空教师”，今年她带上全国两会的提案，与青少年科学素养相关。她提出，要让科普工作从说教式向体验式转变，多用新方法、新技术。全国政协委员、中国科学院院士田刚近日也表示，要培养青少年科学兴趣，助力基础研究人才培养建设。

青少年是国家的未来，国家的强大和民族的复兴依赖于科技战略人才的培养和储备。然而，在一些地区，科学教育变成了“书本上的科学”，过于侧重理论而忽视了实践；还有一些地方将科学教育简单等同于科技竞赛，出现功利化倾向。王亚平提到的“体验”，正是科学教育中不可或缺的一部分。

王亚平和同事们在太空中的授课，就用一系列生动有趣的实验，拉近了科学与青少年的距离。加强体验，方可让人窥见科学的神奇。磕磕绊绊，失误失败，也是科学探究中的常态。科学教育的目的不是让孩子给出标准答案，而是让他们在体验中明白，一个问题的背后还有一系列问题，探索没有止境。

重体验，不仅是一句口号，还需要实际行动来支持。重要的是加强对一线教师的培训，确保他们不仅拥有先进的教育理念，还具备实施这些理念的能力。相关机构应为科学教师提供转变教学模式的具体工具和方法，通过多样化的途径和利用各种资源，教他们如何启蒙并正确引导青少年热爱科技、激发创新精神。

重体验，不应局限于校园内，而应拓展至更广阔的自然和社会环境中。高校和科研院所的实验室、企业的创新工场以及博物馆和科技馆等场所，都应当向青少年开放，成为他们进行科学探索和体验的空间。此外，科学家、高校教师、企业研发人员以及文博场馆的科教工作者等，都应扮演起引导者的角色，帮助青少年获得宝贵的科学体验。

重体验，不能简单“依葫芦画瓢”。不是让青少年按照既定步骤完成任务，而是让他们保持开放心态，在探究中、在项目里发现问题、解决问题，并提出更多问题。要让他们找到自己的兴趣并长期坚持，保持好奇，持续求索，攻坚克难，把科学精神融入其中。

今年全国两会期间，来自多个领域的代表委员都在关心青少年科技创新工作，这也体现了全社会的高度关注。这种可喜的局面未来应该进一步强化，因为只有调动资源，形成合力，方能做好科学教育的“加法”。

资料来源：张盖伦. 培养青少年科学兴趣重在体验.（2023-03-13）[2025-04-04].https://digitalpaper.stdaily.com/http_www.kjrb.com/kjrb/html/2023-03/13/content_550500.htm?div=-1.

学思并进

（1）上文强调，为了促进科普工作，要从传统的说教方式向更注重体验的方式转变。请结合自己的学习经历，谈谈你对“体验式学习”的理解，并举例说明这种学习方式如何帮助你更好地理解和掌握科学知识。

____

____

____

（2）如果你有机会参与科学活动，你会选择哪一种？为什么？你期望通过这样的活动获得哪些收获或成长？

____

____

____

（二）科学方法

科学方法是一种系统化的探究过程，通过观察、提出问题、形成假设、进行实验、收集和分析数据来探索自然现象并验证理论。它要求以客观、可重复的方式测试假设，确保结论基于实证证据而非主观臆断。科学方法强调逻辑推理与批判性思维的应用，允许科学家在发现新证据时修正或摒弃原有的观点，从而不断接近真理。这种方法不仅是科学研究的基石，也为解决复杂问题提供了严谨的框架。

拓展阅读

坚持用科学方法指导和推进改革

“改革是一项系统工程，需要讲求科学方法”。在省部级主要领导干部学习贯彻党的二十届三中全会精神专题研讨班开班式上，习近平总书记对进一步全面深化改革需要处理好方方面面的关系提出明确要求，对“坚持改革和法治相统一”“坚持破和立的辩证统一”“坚持改革和开放相统一”“处理好部署和落实的关系”等做出了深刻阐述。

改革有破有立，得其法则事半功倍。党的十八大以来，习近平总书记科学把握全面深化改革的内在规律，创造性提出全面深化改革的科学方法和有效路径，形成改革开放以来最丰富、最全面、最系统的改革方法论。新时代全面深化改革之所以取得历史性伟大成就，正是因为把准了正确方向、掌握了科学方法。党的二十届三中全会《决定》提出“更加注重系统集成，更加注重突出重点，更加注重改革实效”“加强顶层设计、总体谋划，破立并举、先立后破”等要求，我们要认真学习贯彻全会精神，坚持以全局观念和系统思维谋划推进，以钉钉子精神抓好改革落实，切实增强改革系统性、整体性、协同性。

坚持改革和法治相统一，这是进一步全面深化改革的重要原则。改革和法治如鸟之两翼、车之两轮，相互依存、缺一不可。以改革之力完善法治，不断完善中国特色社会主义法治体系，更好发挥法治在排除改革阻力、巩固改革成果中的积极作用，善于运用法治思维和法治方式推进改革，才能推动改革在法治轨道上行稳致远。“凡法事者，操持不可以不正。”公平正义是法治的生命线，促进社会公平正义是进一步全面深化改革的重要出发点和落脚点。要坚持法律面前人人平等，平等保护全体公民和法人的合法权益，不能搞选择性执法，更不能搞法外开恩。

坚持破和立的辩证统一，这是进一步全面深化改革的内在要求。改革是一个破旧立新的过程，破是手段，立是目的。坚持破立并举、先立后破、不立不破，这是我们党在长期奋斗中得出的宝贵经验，体现了稳中求进工作总基调这一治国理政的重要原则。进一步全面深化改革要坚持以制度建设为主线，更加突出破立并举、先立后破，该立的积极主动立起来，而且要立得稳、立得住，行得通、真管用；该破的在立的基础上及时破、坚决破、彻底破。欲速则不达，不打无准备之仗，我们要坚持摸着石头过河和加强顶层设计相结合，既要有只争朝夕的劲头，也要保持历史耐心，在破立统一中实现改革蹄疾步稳。

坚持改革和开放相统一，这是进一步全面深化改革的必然选择。进一步全面深化改革和高水平对外开放是相辅相成、相互促进的。改革越深入，对开放水平的要求就越高；开放水平越高，对改革的促进作用就越大。习近平总书记多次强调“中国开放的大门不会关闭，只会越开越大”。我们构建新发展格局，绝不是搞封闭的国内单循环，而是开放的、相互促进的国内国际双循环。面向未来，稳步扩大制度型开放，主动对接国际高标准经贸规则，深化外贸、外商投资和对外投资管理体制改革，营造市场化、法治化、国际化一流营商环境，定能以开放促改革、促发展、促创新，不断拓展中国式现代化的发展空间。

处理好部署和落实的关系，这是进一步全面深化改革的关键所在。“一分部署、九分落实”，改革要重视谋划，更要抓好落实。全会《决定》作出的改革部署主要是战略性、前瞻性、方向性的，需要制定周密可行的改革方案。改革方案的设计必须把握客观规律，注重各项改革举措的协调配套，增强改革取向的一致性。要建立健全责任明晰、链条完整、环环相扣的工作机制，强化跟踪问效，推动改革举措落实落细落到位。要防止重文件制定、轻督促落实等现象，防止“沙滩流水不到头”，处理好改革“最先一公里”和“最后一公里”的关系，一竿子插到底，务求取得实效。

习近平总书记强调，“要增强政治责任感、历史使命感，以攻坚克难、迎难而上的政治勇气，直面矛盾问题不回避，铲除顽瘴痼疾不含糊，应对风险挑战不退缩”。把思想和行动统一到习近平总书记重要讲话精神上来，牢固树立改革没有局外人旁观者的观念，善于运用科学的方法推进改革，锐意进取、奋勇争先，定能不断打开改革发展新天地，创造经得起历史和人民检验的实绩。

资料来源:《人民日报》评论员．坚持用科学方法指导和推进改革，人民日报，2024-11-01.

学思并进

（1）在你的日常生活中，有没有一些让你感到好奇的现象？请描述一个此类现象，并尝试根据这一现象提出一个具体的问题。解释你是如何通过观察来识别出这个问题的。

____

____

____

（2）为什么数据分析对于科学研究至关重要？谈谈逻辑推理和批判性思维在数据分析中的作用。

____

____

（三）科学知识

科学知识是通过科学方法获得的关于自然界、宇宙以及人类自身的系统性理解和认知。它是基于观察、实验、数据分析和理论验证等一系列严谨的研究过程所积累的信息和解释，揭示事物的本质、规律及其相互关系。科学知识具有客观性、可验证性和可重复性的特点，允许人们在共同接受的证据基础上形成共识，并随着新发现和技术的进步不断更新和发展。这种知识不仅包括具体的事实和数据，还涵盖了科学原理、定律及理论模型，为理解世界提供了一个系统的框架，并指导着技术革新和社会进步。

拓展阅读

玩转科学知识，领略科技魅力

“老师，我看到闪电啦！”10月22日上午，来自川南幼儿师专附属实验幼儿园的32名小朋友来到川南幼儿师专“四川省社会科学普及基地——少儿科学知识普及基地”，开展了一场有趣的“科技探秘”之旅。

在科技长廊，孩子们首先参观了生物观察区，这里展出了各种动植物标本。他们不仅能够近距离观察这些动植物的外观形态，还能听取老师的讲解，了解每种动植物的生活习性和特点。接着，孩子们来到了科技探索区，亲眼看见了一系列引人入胜的物理实验，亲自动手操作，体验风的形成、声音的振动以及电能的应用等内容。

在科学作品制作区和自制科技作品展览区，一件件创新的科技作品让孩子们大开眼界，每一次科技体验都让他们深刻感受到了科学的神奇与奥妙。此外，孩子们还前往了幼儿绘本馆，在科普志愿者的引导下，享受阅读的乐趣，感受书籍带来的快乐。

“在这里，我们充分利用 VR 虚拟仿真室和游戏实训室，让小朋友们能够沉浸于虚拟世界中，通过身临其境的体验，让孩子们在‘绘画游戏’中更真实地、更直观地了解科学知识；同时，通过阅读绘本学习科学知识，培养科学解决问题的思维，在每一位参与科学探究课程的孩子心里播下科学的种子。”川南幼儿师专康养学院智慧健康与养老专业 2022 级 3 班科普志愿讲解员党婧穗介绍。

川南幼儿师专高度重视科学教育，2018 年建成儿童科普教育绘本基地，面积 22 923 平方米，建有科技长廊（含生物观察区、科学探索区、科技作品制作区、自制科技作品展览区等）、幼儿绘本馆、幼儿科技教育实训室、VR 虚拟仿真室等功能区，共同搭建少儿科学知识和幼儿教师教育科技知识普及平台，着力打造科学性与启蒙性相统一、知识性与思想性相统一、教育性与趣味性相统一的少儿科学知识普及基地。该基地于 2022 年被四川省委宣传部、四川省社会科学界联合会批准命名为“四川省社会科学普及基地——少儿科学知识普及基地”。基地依托校内外实践基地，以虚拟仿真、音视频、纸等多形态自制绘本为主要形式，开展“掌握科学知识—外化知识—自主设计绘本—传播科学知识”的全链条科普教育。

“妈妈，我以后再也不浪费水了。”“我也不随便丢弃塑料袋了，去超市时我会带上自己的布袋。”10 月 20 日，川南幼儿师专举办了一次科普开放日活动，吸引了当地幼儿园的 60 多名家长和孩子前来参与。在这次活动中，川南幼儿师专学前教育学院的学生陈怡锦和李敏为小朋友们解读了《小塑料袋的旅行》和《如果没有水》两本富有教育意义的科普绘本，并通过一系列有趣的亲子游戏，教导孩子们如何保护环境和节约用水。

该基地 2023 年被评为内江市市级科普基地。基地不定期组织各种形式的科普绘本亲子活动，免费向公众开放，致力于提升幼儿科学教育质量，增强公众的科学素养。

“近年来，基地举办讲座及培训 30 余场次、主题活动 26 场次、阅读 2 万余人次，设置数字科普视窗 5 个，发放科普宣传资料上万份，网站科普内容阅读量 3 万余次，科普基地媒体报道 10 余次，受众人数 10 万余人次。在第十一届全国科学教育专业师范生教学技能创新大赛（学前组）比赛中，我校学生获得3个一等奖、3个二等奖、2个三等奖，学校获优秀组织奖。”川南幼儿师专教务处处长唐廷秀说。

学校充分利用科技长廊、绘本馆和隆昌科技馆等实践场所，结合学报《新时代学前教育研究》及《成渝地区双城经济圈职业院校学前教育科普论丛》等出版物，传播科学知识。2023年，学校获得了四川省科技计划项目的资助，开展了汉藏双语少儿环保科普图书创作研究，并编写了名为《守护美好家园》的少儿科普图书，此外，还为学前教育专业的师范生开发了新形态数字教材《幼儿教师科学素养》，并与当地幼儿园合作编写了《幼儿园科学小实验》和《幼儿园科技小制作》等少儿科普活动指导书籍。

学校还开发了一系列主题科普绘本教育课程，开设了多种少儿科普特色课程。其中，《幼儿教师科学素养》课程在2023年被评为四川省职业教育创新创业示范课程，《少儿编程》和《科技活动设计与实施》则入选校级在线开放课程建设项目。

“学校秉承‘五绘科普，润泽童心’的理念，通过‘绘画图画＋绘听故事＋绘演故事＋绘做图书＋绘玩游戏’，定期举办科学小课堂、公益科学课、玩转知识星球等一系列有益于思维拓展和创新能力的科学体验活动，向川南幼儿师专学生和区域少年儿童普及推广科学知识与人文精神。同时在开展科普工作的研究阐释中提升师生科学素养。”川南幼儿师专副校长王雪媛表示。

川南幼儿师专党委书记段永清说：“实施科技自立自强战略，必须从幼儿抓起，从幼儿教师教育抓起，为他们在今后的幼教工作中激发少儿的求知欲和好奇心打下坚实的知识和能力基础。川南幼儿师专通过开展‘一批科研项目、一批教改项目、一批绘本、一批校（园）本教材、一系列活动’等‘五个一’工作，整合资源，组建团队，积极发挥基地科普功能，为推动科普工作、塑造和传播科技美作出了积极贡献。”

资料来源：张娜娜. 玩转科学知识，领略科技魅力.（2024-10-25）[2025-04-04].http://sc.people.com.cn/n2/2024/1025/c407319-41020259.html.

学思并进

（1）在川南幼儿师专少儿科学知识普及基地，孩子们有机会亲身体验各种物理实验，如风的形成、声音的振动等。请描述一下你曾经参与过的科学实验或活动，并解释它如何帮助你更好地理解某个科学概念或现象。

（2）文中提到该基地利用VR虚拟仿真室、游戏实训室以及多种形态的自制绘本等资源开展科普教育。请思考并讨论，在你的学校或社区中，有哪些现有资源可以被更好地用来开展科普活动？你认为最有效的科普方式是什么？

____

____

____

____

（四）科学精神

科学精神是在科学研究和探索过程中所体现的一系列态度和价值观，包括好奇心、怀疑精神、实证意识、逻辑思维以及对新思想的开放态度。它鼓励人们以严谨的态度提出问题、设计实验并通过证据验证假设，强调客观性和可重复性的重要性，确保结论建立在坚实的实证基础之上。科学精神倡导持续质疑现有知识体系，勇于挑战权威，并愿意根据新的发现修正甚至摒弃旧有观念。科学精神还包含了对未知世界的无尽好奇与探索欲望，激励着科学家和社会大众不断追求真理，推动知识的边界向前扩展。这种精神不仅是科学研究的核心动力，也为解决复杂问题提供了理性和创新的思维方式。

拓展阅读

为什么要培养科学素养？

你可能从未深入研究过宇宙的奥秘，但却对自己的星座特质了如指掌；你可能对物理学中的电磁学一无所知，却对风水大师提及的磁场和能量场深信不疑；你或许完全不了解左旋C、肉毒杆菌等的成分，却对其抗衰老效果毫不怀疑。实际上，如果具备足够的科学素养，你就能够更准确地判别这些令人眼花缭乱的名词，从而形成更为理性的认识。

具备科学素养能让我们学会独立思考

你可以不当科学家，却不能没有科学素养。科学素养是人人都可以培养的素质。科学素养不只是了解基本的科学知识，更是要把严谨的科学态度融入日常的工作和生活中。

拥有科学素养意味着具备批判性思维，不会轻信和随意传播没有根据的信息。科学素养让人倾向于多观察、多倾听并保持质疑的态度，而不是盲目相信某一种说法。具备科学素养的人会了解到含有反式脂肪酸的油炸食品不宜过量食用，并养成在购物时查看食物成分表的习惯。

具备科学素养能帮助我们提高生活质量

现代生活越来越复杂，人类平均寿命也在不断延长。具备足够的科学素养，能帮助我们提高生活质量。例如，该选择哪些食品？药要怎么吃？看病时如何和医生沟通？这些关乎自己健康的议题都需要科学素养支撑。

拥有广泛的科学知识，意味着能够以一种欣赏的眼光去领略自然界不同层次的美。观赏花朵时，可以通过其颜色和形状判断是哪种昆虫为其授粉、了解它的香气以及开花的时间；仰望星空时，则会联想到宇宙的起源，而不仅仅是讨论星座……

科学素养需要时间累积。看似平淡无奇的科学理论，或许会在某个时间点突然“出现”，以某种形式影响你的生活。以简单的生活经验为例，水果有一部分烂掉了还能吃吗？很多人认为，只要把烂掉的部分切掉，剩余的果肉还能吃。但如果具备生物学常识，你就会知道，水果只要有一小块烂掉，就表示菌株已渗透到外表完好的部分，整个水果都不能再吃了。

学思并进

（1）面对网络上各种各样的信息，比如“常喝咖啡会致癌”“微波炉和手机的辐射对人体健康有害”“某些食物之间相克不能一起食用”“食用野菜能够抗癌”等，你应该如何辨别这些说法的真伪呢？判断这些信息究竟是谣言还是基于科学事实的关键点在哪里？

____

____

____

（2）你认为自己具备科学素养吗？为什么？请举例说明。

____

____

____

无论时代如何发展变化，对未知世界的好奇心、实事求是的探索精神以及敢于创新的精神始终是推动个人发展和社会进步不可或缺的重要品质。在快速发展的现代社会中，良好的科学素养不仅有助于我们更好地理解周围的世界，也是实现自我价值和职业发展的关键因素之一。因此，我们必须充分认识到提升科学素养对于自身成长和发展的重要性，并将这种认识转化为实际行动，自觉地把科学素养的培养与提高融入日常的学习和生活中。

在课堂学习之外，我们还应该主动阅读科普书籍，这些书籍不仅能拓宽我们的知识面，还能激发我们对科学的兴趣和热情。此外，积极参与各类科学活动也同样重要，例如参观科技博物馆、参与科技创新竞赛等。通过这些活动，我们可以更直观地感受科学的魅力，了解最新的科技成果，同时也能与其他对科学感兴趣的人交流心得，共同进步。

同时，我们还需要注重在日常生活中的实践，培养自己的探索精神、独立思考能力和创新能力。这意味着不仅要善于发现问题，更要勇于尝试用各种方法去解决问题。利用所学的科学文化知识处理实际问题，不仅可以加深对知识的理解，还能培养解决复杂问题的能力。比如，可以尝试用科学的方法来分析日常生活中的现象，或是动手做一些小实验来验证某些理论。通过不断地实践与反思，我们将逐步建立起一套属于自己的科学思维方式，这对我们未来的学习、工作乃至整个人生都将产生深远的影响。

总之，持续提升科学素养，不仅是适应社会发展需求的必要条件，更是开启智慧人生的关键所在。

四、学无止境，追求卓越

要培养和提升文化素养，离不开长时间的学习与沉淀，这需要我们树立终身学习的理念，认识到学习是一个永无止境的过程。

“读万卷书，行万里路”，这一古训深刻地揭示了提升文化素养的两大途径：一方面，通过广泛阅读各种书籍，我们可以跨越时空的限制，接触不同的思想、文化

在科技博物馆展出的深海探测器“蛟龙”号模型

和历史，拓宽视野；另一方面，积极参与各种活动，如旅行、文化交流、社会实践等，能够让我们亲身体验多元文化的魅力，深化对世界的理解。在这些活动中，我们可以从不同的角度观察事物，体验多样的生活方式和社会形态，从而丰富自己的内心世界。

我们要学会将从书籍中汲取的知识、从实践中获得的感悟以及从榜样身上学到的精神品质融会贯通，做到学以致用。这意味着我们需要不断地思考如何将所学应用到现实生活中，解决实际问题，同时也要反思自己的行为是否符合所学的文化价值。通过这样的过程，我们将这些宝贵的经验和知识内化为自身修养的一部分，不断提升个人的文化素养。

最终，这种持续的学习和实践不仅可以帮助我们建立起深厚的底蕴，也能帮助我们在面对复杂多变的世界时，能够以更加开放的心态去接受新事物，以更加智慧的方式去解决问题，实现自我价值的最大化，并为社会的进步贡献出自己的一份力量。

在快速发展的时代里，唯有树立终身学习的理念，勤学、善学，才能在攀登人生这座高峰时稳步前行，游刃有余地解决各种难题，从而实现人生价值。

拓展阅读

传承中华优秀传统文化，提升青少年的文化素养

近日，在泸州市青少年诗歌征文比赛的颁奖仪式上，市关工委常务副主任在总结讲话中提到："青少年通过学习优秀传统文化，能够更好地认识自己的文化根源，这对他们的身心健康发展和素质修养提升具有重要意义。"多年来，泸州市关工委一直致力于在青少年群体中推进中华优秀传统文化的滋养行动，为青少年提供持续的精神动力和智力支持。

为传承和弘扬中华优秀传统文化，提升广大青少年的文化素养，市关工委秉承"厚于德、诚于信、敏于行"，坚持以人为本、立德树人、促进全面发展。市关工委社工委主任表示，"特别是近年来，我们开展的传统文化宣讲、民间工艺学习、地方非遗传承、民族团结进步等教育活动，提升了青少年不少文化'软实力'。"

以"五老"为先锋，宣讲行动常开展

市关工委倡导，广大"五老"（老干部、老战士、老专家、老教师、老模范）发挥自身特长，与青少年"双进步、双发展、双提高"。在学校、在广场、在少年宫、在展览馆，他们有的讲儒家、道家、佛家；有的讲中医、京剧、书法；有的讲《论语》《周易》《庄子》；有的讲清明、端午、中秋；有的讲琵琶、二胡、古筝；有的讲陶瓷、雕刻、蜀绣……据不完全统计，"酒城五老"每年有上千人次参与其中，数十万青少年受教。

许多学校都设立了学生社团或兴趣小组，而那些拥有专长和丰富经验的“五老”则成为师资力量的重要补充，他们有一个亲切的称呼——“校外辅导员”。例如，市关工委宣讲分团长易国章热衷于走进校园，向学生们介绍泸州的国窖窖池、泸县雨坛彩龙以及江阳油纸伞等非物质文化遗产的制作工艺；古蔺县的退休职工梁尚琴则喜欢与青少年们探讨平仄、韵律、对偶等古典诗词创作的基本要素；合江县关工委艺术团的张惠玲则钟情于与中小学生共同研究颤音、共鸣、假声等高腔山歌的演唱技巧。

以活动为载体，滋养行动常跟进

为扎实做好以文化人工作，市关工委有163名“五老”常年推进“优秀传统文化进校园”活动。每年开展诗词、书法、音乐等主题活动400场次以上。其中，“屈原魂”青少年诗歌现场比赛、中小学生软笔硬笔书法竞赛等已成为“规定动作”。区县关工委根据自身实际，适时组织书画、象棋、武术等以赛促学，让更多青少年有收获。其中，古蔺一小的歌舞《闹花灯》登上中央电视台少儿春晚，宋月同学的作文《老祖祖的大烟杆》荣获《中国火炬》征文四川唯一的全国一等奖……

为了让传统文化滋养行动更加生动有趣，市关工委艺术团将这些文化精髓编排成小品、歌舞、情景剧、音乐快板和诗歌朗诵等多种形式的艺术节目。“五老”成员每年深入校园、乡村、社区和企业，进行超过100场的关爱公益巡演。其中，《万家花灯万家甜》和《拽起花灯幸福来》等节目还荣获了省级展演的金奖，非遗传承人谢建刚也因此荣登2024年第三季度“四川好人榜”。

各区县的关工委艺术团也不甘落后，他们将中华优秀传统文化巧妙地融入文艺汇演中，为青少年们呈现了一场又一场精彩绝伦的文化视听盛宴。

以奋进为主题，传承行动常升华

长期以来，市关工委在传承行动中，倡导以奋进为主题、以创新为基石、以发展为目标。泸县宋代石刻博物馆展存、江阳区梓橦路学校中医药文化课、叙永县苗家扎染蜡染技艺等，都有机融入现代元素。特别是在非遗传承中，“五老”鼓励青少年去发现优点、改良不足，更好激活优秀传统文化的时代价值，更好地服务当前及今后文化发展的需要。

在泸州南翼地区，苗族的踩山节、彝族的火把节等少数民族的传统节日丰富多彩，也吸引了汉族青少年参与其中。84岁的彝族老人李宗菊被誉为“当代奢香”，她毕生致力于民族文化的传承、保护与创新融合，孩子们亲切地称呼她为“李孃孃”。正是因为有许多像“李孃孃”这样的“五老”志愿者的努力，古蔺县和叙永县在2023年被评为“全国民族团结进步示范县”。

资料来源：何平. 传承中华优秀传统文化，提升青少年的文化素养.（2024-10-29）[2025-04-04]. http://sc.people.com.cn/n2/2024/1029/c345167-41024451.html.

学思并进

（1）“青少年通过学习优秀传统文化，能够更好地认识自己的文化根源。”请结合你的个人经历，谈谈你如何理解这句话的意义？你觉得了解自己的文化根源对你的人生观、价值观将产生怎样的影响？

____

____

____

____

____

（2）在泸州南翼地区，苗族的踩山节、彝族的火把节等少数民族的传统节日吸引了不同民族青少年的参与。请结合实例，谈谈跨文化交流对增强民族团结的重要性。你认为在学校或社区可以采取哪些措施来促进不同民族文化间的交流与理解？

____

____

____

____

____

要点归纳

本专题强调通过多种途径提升个人综合素养的重要性。阅读经典著作能够滋养心灵、开阔视野，并建议在阅读时结合社会背景理解文本、代入角色体验情感以及注意文化差异；历史则被视为智慧的宝库，可以借古鉴今，培养长远眼光和深刻洞察力，从而更好地理解现实世界的复杂性；追求科学精神与思辨能力同样重要，鼓励人们以开放和严谨的态度探索未知世界，利用科学方法解决问题；倡导人们树立终身学习的理念，通过“读万卷书，行万里路”的方式不断积累知识、深化理解，并将所学运用于实践，最终实现个人价值的最大化，为社会做出贡献。这一系列措施旨在帮助个人建立深厚的文化底蕴，以更加智慧的方式面对生活中的挑战并促进自我成长。

学习探索

历史遗迹考察之旅

【活动描述】

历史遗迹不仅是往昔岁月的见证者，更是连接现在与过去的桥梁。通过实地考察这些历史遗迹，我们可以直观地感受到历史的厚重感，深入了解其背后的故事，从而增强历史文化认同感。此次考察之旅旨在让参与者亲身体验历史的魅力，激发对历史的兴趣和探索欲望。

【活动分组】

全班学生每 4 ~ 6 人为一组，各组选出组长并进行分工，将小组成员及分工情况填入下表。

小组成员及分工情况

班级：　　　　组号：　　　　指导教师：

小组成员	姓名	学号	任务分工
组长			
组员			

【活动准备】

（1）选择几处具有代表性的历史遗迹作为考察点，如长城或者故宫等，并规划好出行路线和时间表。

（2）为每个考察点准备详细的解说材料，包括遗迹的历史背景、建筑特色及在历史上的地位等。

（3）为了保证活动的顺利进行，需要提前检查交通、餐饮等后勤保障工作是否准备到位，并告知所有参与者注意事项。

【活动实施】

各组按要求开展考察活动，并将具体实施情况记录在下表中。

活动实施情况记录表

时间安排	实施步骤

【评价反馈】

各组配合指导老师填写下面的考核评价表

考核评价表

评价内容	分值	得分
参与活动的积极性、主动性	25	
团队协作能力	25	
独立思考能力、创新能力	25	
对历史知识的了解程度	25	
教师点评：		

专题三

行为修养，打造得体风范

内容导航

在当今社会，人们的行为修养和礼仪风范不仅体现个人的思想道德、精神面貌及文化素养，更是构建和谐社会关系的重要基石。随着时代的发展与进步，拥有良好的行为修养已成为现代社会公民不可或缺的品质之一。本专题深入探讨礼仪的概念、内容及特征，强调礼仪作为人际交往中的行为准则，对于促进社会和谐的重要性。本专题详细阐述礼貌、礼节、仪表和仪式等礼仪的基本构成要素，并进一步分析礼仪的规范性、操作性、差异性、社会性和发展性等基本特征，旨在培养符合现代社会要求的行为习惯与礼仪风范。

【学习目标】

● 知识目标

1. 了解礼仪的定义、作用及礼仪在社会交往中的地位。
2. 熟悉礼仪的四种主要表现形式及其具体要求。
3. 掌握礼仪的规范性、操作性、差异性、社会性和发展性。
4. 理解尊重、平等、真诚和适度四大原则。

● 技能目标

1. 能够根据不同的场合和对象，灵活运用礼貌用语、礼节规范和仪表要求。
2. 学会识别和适应不同文化背景下的礼仪差异，避免因文化差异导致的误解。
3. 学会通过自我反省和调整，不断改进自己的礼仪行为，形成自觉遵守礼仪规范的习惯。

● 素质目标

1. 通过学习礼仪，培养尊重他人、诚实守信、助人为乐等基本道德品质。
2. 通过学习礼仪相关知识，拓宽文化视野，提升对历史、文学、哲学等学科的理解能力。
3. 在社交场合中保持沉着冷静，增强自信心和应对突发情况的能力。
4. 通过自我反省和行为调整，将礼仪规范内化为自觉行动，形成良好的行为习惯。

【探索新知】

“小雪团”成长进行时

随着“十四冬”日益临近，一群即将承担赛事志愿服务工作的“小雪团”志愿者正在迅速成长。他们中的一些人已经历了“十四冬”冰球公开组比赛、短道速滑资格赛等赛事的考验，而另一些人则通过一系列专业系统的培训获得了丰富的知识和经验。这些年轻的志愿者正以饱满的热情和充分的准备，期待着盛会的到来。

前不久，“十四冬”内蒙古呼伦贝尔市扎兰屯赛区志愿者动员大会暨第二期志愿者礼仪培训班在扎兰屯职业学院举办。培训中，扎兰屯职业学院经济管理系老师宋丽围绕志愿者的仪容仪表、行为举止、语言沟通等方面的知识，用通俗易懂的语言和理论结合实际的方式为“小雪团”们授课。

志愿者米希宇说：“很荣幸成为‘十四冬’扎兰屯赛区的志愿者，通过这几次培训，我对志愿者工作的重要性有了全新的认识，志愿者不仅需要热情，还需要相关的服务技能、较好的综合素质。我会把握好每一次学习提升的机会，力争圆满完成志愿者服务工作，为‘十四冬’的成功举办，贡献自己的绵薄之力。”下一步，扎兰屯市团委将在开展服务礼仪、应急救护和岗位培训的同时，围绕当地市情、历史沿革、地域特色等内容，组织开展扎兰屯市发展成果专题培训，让“小雪团”们不仅在赛事中提供暖心服务，也成为展示扎兰屯形象的小“代言人”。

呼伦贝尔学院的王旋在“十四冬”冰球公开组比赛中首次体验了志愿服务的角色。作为竞赛部颁奖组的一员，王旋在进入赛场前接受了专业的训练，内容涵盖仪态、笑容、手势到步伐等多个方面，积累了丰富的经验。“在进行志愿服务的过程中，我深刻感受到新时代青年的责任与担当。尽管赛前接受了系统的培训，但当我真正站在冰面上时，内心依然感到一丝紧张。能够参与如此规模的大赛，我感到无比荣幸和自豪。”王旋分享道。

10 月 25 日，呼伦贝尔学院为“十四冬”赛会志愿者举办了专题培训。在培训中，王旋登上宣讲台，基于自己参与的志愿服务经历，从仪态规范、手势礼仪到表情语言等多个方面与学院的“小雪团”们进行了交流分享。王旋说：“和大家交流我的经验，其实也是对自己的一次回顾和提升，我希望能够在接下来的比赛中，展现出内蒙古青年的良好形象。”

“十四冬”正式拉开大幕前，“小雪团”们还将一步步进阶，他们不仅身体力行地传递志愿服务精神，也代表着青年的朝气、城市的活力和未来。

资料来源：柴思源．“小雪团”成长进行时．(2023–10–31) [2025–04–04].http://nm.people.com.cn/n2/2023/1031/c196667–40622758.html.

思考

文中提到宋丽老师讲解了志愿者在仪容仪表、行为举止和语言沟通等方面的知识。请你结合自己的理解，谈谈作为志愿者在参与公共活动时应如何保持良好的仪态和行为规范，并举例说明这些规范如何影响他人对你的第一印象。

素养追寻

一、礼仪概述

（一）礼仪的概念

礼仪通常指人们在交际过程中为了相互尊重而约定俗成、共同认可的行为规范与准则。它是交际过程中的标尺、和睦相处的准则、营造和谐的法宝、维系感情的准绳，是一个人思想道德、精神面貌和文化修养的综合体现，是人类文明重要的组成部分，在日常生活中起到至关重要的作用。

拓展阅读

礼仪的尺度

礼仪是文明社会中一种被普遍认可的行为规范，尤其在中华文化深厚的背景下，待人接物的基本礼貌始终是不可或缺的文明行为。适当的待客之道能够给人留下亲和、友善的印象，缩短人与人之间的心理距离。这对于建立信任、增进理解、促进合作等方面，能产生超出预期的积极效果。

然而，在现实生活中，我们也不难发现一些不良现象。例如，在迎来送往时，有人满口庸俗的客套话，以自我贬低的方式进行虚假奉承；有些地方为了应付外来参观或专项检查，临时粉饰墙壁、张贴标识、匆忙编造精美的记录材料，访客离开，一切又恢复原状；在工作交流中，有些人反复使用空洞无物的话语，PPT 制作得看似精美却缺乏实质内容；在迎接上级考察时，有些组织会过度安排，提前规划好参观路线和受访对象，甚至排练发言，将本应实事求是的调研变成了预先编排好的表演；还有一些人热衷于举办盛大的签约仪式和工程典礼，租赁豪华场地、雇佣礼仪服务，但隆重的仪式与贫瘠的议程形成了鲜明对比。这种重视外在形式而忽略实际内容的形式主义弊病，用表面的热情掩盖了内心的冷漠，失去了人际交往中的真诚，不仅浪费了时间、金钱和精力，还降低了工作效率，并助长了一种重表现而不重实干的浮躁风气，对国家、社会和个人都会造成极大的负面影响。

凡事皆有度。不讲礼貌，对人冷若冰霜、拒之千里，估计无法建立最基本的信任。而表里不一、形式大于内容的客套，同样也会把事情搞砸。适度的礼仪不仅是一种基于真诚、尊重和富有同理心的社交态度，更是一种流程简捷、操作规范且富有效率的务实作为。无论是私交还是职场，在迎来送往中，礼仪的本质与精髓，在乎真挚的情感传递，而不是表面上的虚伪敷衍或程序上的繁文缛节，其理想状态当是在分寸适度、沟通充分的基础上，达成互信增加、共识增多的最佳效果。

适度的礼仪应当以真诚和尊重为基础。这种真诚和尊重不应仅仅停留在形式上，不是那种敷衍了事的虚伪应酬，而是源自内心的真情流露。它不仅体现在礼貌的言辞中，更深刻地表现在坦诚相待和善意对待他人的态度里。无论是面对上级、同辈还是下属，在正式场合进行公务交往时，虽然会遵循诸如长者优先、先客后主等基本礼节，但真正意义上的真诚客气，既不需要低声下气，也不应有居高临下的姿态，而是一种基于平等基础上的对话与交流。平等的核心在于相互尊重，是通过同理心理解对方立场的换位思考，是双方能够坦诚相见且感到舒适的和谐互动，确保每一方都能深切感受到被尊重的温暖以及不被强迫的自由。

适度的礼仪是不失热情的简约。热情待客是人之常情，但热情不是一味地讨好，热情过度即近于虚伪。简约而又热情的礼仪，是把冗余的流程与必要的礼节严格区分开来，尽量简化接待程序，减少冗长客套，避免烦琐操作，最大限度地节省主客双方的时间和精力。这里的简约不是简单，简约的礼仪自然也有服从于实际需要的某些仪式，但更注重内涵与品质，注重营造温馨而雅致的现场氛围，目的无非是让来宾在轻松愉快中感受到主人的精心与热情。

适度的礼仪更加注重效率和实际效果。高效的接待应当以达成目标为导向进行预先规划，并以严谨的专业精神集中在会谈的核心议题上。根据调研、座谈或工作汇报的具体需求，提前准备好相关资料、列出讨论的问题清单，明确预期目标，尽量避免冗长的寒暄和无关紧要的空谈。通过精准的时间管理，确保信息传递的清晰性和准确性，以及交流过程的高效性和成果的显著性。这样既能体现对接待对象的尊重，也能有效推进实质性的沟通与合作。

人际的交往与情感的交流，决定了迎来送往的客观存在，实属社会生活常态。某些重形式而轻实效、重过程而轻结果的不良行为之所以广受诟病，要害在于虚与实、表与里、动机与效果的完全割裂与背离。如何更好地平衡礼仪与效率效果，真正让礼仪回归彰显文明礼貌、促进合作交流的本质与初衷，是一个事关政风、民风和社会风气的显性问题，理应引起全社会的高度重视。

资料来源：郭运德. 礼仪的尺度.（2025-03-19）[2025-04-04].http://ent.people.com.cn/n1/2025/0319/c1012-40441602.html.

学思并进

上文中提到，适度的礼仪应当以真诚和尊重为根基，而不是敷衍了事地虚伪应酬。请结合自己的经验或观察到的现象，举例说明在日常生活中如何做到既遵循基本礼节，又保持真诚的态度？你认为在哪些情况下容易出现“重形式轻实质”的问题？为什么？

____

____

（二）礼仪的内容

礼仪的内容非常丰富，具体表现为礼貌、礼节、仪表、仪式等形式。

1. 礼貌

礼貌是人们在相互交往中展示出的一种对他人表示尊敬、重视和友好的态度，它体现了一个人的气度与风范。礼貌不局限于言语上的表达，还包括书面语言的使用、态度的表现以及行为举止等多个方面。具体来说，礼貌涵盖了如何使用得体的语言进行沟通，无论是面对面交流还是通过微信、短信、书信、电子邮件等形式；同时也涉及我们对待他人的态度是否真诚友善，行为举止是否符合社会公认的规范。

对于中职生而言，在日常生活中的礼貌行为表现为：在与人交流时使用礼貌用语，如“请”“谢谢”“对不起”等，以示对他人的尊重；保持态度和善，展现出积极正面的交际意愿；确保自己的举止得体，做到彬彬有礼，给他人留下良好的印象。

礼貌还体现在对长辈、老师、同学及陌生人的尊重上，理解并遵守社交场合的基本礼仪规则，体现出作为一个现代文明公民应有的素养。

2. 礼节

礼节指的是在人际交往过程中，人们用来表达尊敬、问候、哀悼等情感时所遵循的一系列惯用形式和行为规范。它是社会互动中不可或缺的一部分，帮助我们维护和谐的人际关系，体现对他人的尊重与关怀。礼节涵盖了从见面时的问候、交流中的礼貌用语到分别时的祝福等多个方面，甚至包括如何恰当地处理各种社交场合下的礼仪细节。

对于中职生而言，在日常生活中保持良好的礼节尤为重要。这意味着无论是在学校、家庭还是其他公共场合，都应当注重自己的言行举止，确保得体适宜。例如，在与人交谈时，应使用恰当的语言表达自己的观点，并且注意倾听对方的意见；对待长辈或老师时，要表现出应有的尊敬；与同学或朋友相处时，需展现出真诚友好的态度，做到相互尊重、理解和支持。

通过保持良好的礼节，中职生不仅能够营造出一个积极向上、和谐融洽的人际环境，还能让每一个与其交往的人都感受到如沐春风般的温暖与舒适。这不仅有助于提升个人的形象和社会适应能力，也为构建更加文明和谐的社会贡献了一份力量。培养并践行良好的礼节习惯，是每位中职生成长道路上必须重视的一项基本素质。这样的实践不仅能促进个人全面发展，还将为未来的职业生涯打下坚实的基础。

3. 仪表

仪表指的是个人的外在表现，包括容貌、服饰、风度和体态等方面。它是中职生在与他人交往过程中形成的“第一印象”，直接反映了一个人的精神状态和礼仪修养。一个整洁、得体的外表不仅能够给人留下良好的第一印象，还能够传递出积极向上的生活态度和个人品位。

对于中职生来说，在日常生活中保持仪表的整洁和大方是非常重要的。这不仅是对他人的尊重，更是自我尊重、自重和自爱的一种体现。具体而言，这意味着要注重个人卫生，确保衣物干净整齐，选择适合场合的服装，以及保持一种自然且自信的姿态。无论是课堂上还是社交活动中，都应该展现出自己最佳的一面。

整洁、大方的仪表不局限于穿着打扮，还包括打理自己的发型、保持面部清洁、注意指甲的修剪等细节。同时，合适的配饰也能为整体形象加分，但关键在于不过分装饰，以简约为主，体现出年轻人应有的活力与朝气。

4. 仪式

仪式是指在特定的时间和场合下举行的，具有专门程序和规范化步骤的活动。这些活动通过一系列精心设计的形式和流程，旨在表达某种特定的意义或价值观，并增强参与者的情感共鸣与集体荣誉感。中职生在校期间会参与多种多样的仪式，比如庄严的升旗仪式、充满活力的运动会开幕式和闭幕式等。

升旗仪式是培养学生爱国主义情怀的重要途径。每次升旗时，全体师生肃立，注视国旗缓缓升起，这一过程让学生们深刻体会到作为国家一员的责任感和使命感。

运动会开幕仪式通常包括运动员入场、奏国歌、领导致辞以及文艺表演等环节。它不仅为即将开始的比赛拉开帷幕，还提供一个展示学校文化和学生风采的平台，而闭幕式则是对整个运动会期间取得的成绩进行总结表彰，同时也是一个庆祝成功、分享喜悦的时刻。这些仪式通过其独特的形式和内容，不仅丰富了学生的校园生活，也强化了集体意识和团队精神。

仪式作为一种特殊的社会实践活动，在中职生的学习生活中扮演着不可或缺的角

运动会开幕仪式

色。它们不是简单的程序化活动，而是传递教育理念、促进情感交流的重要方式，有助于塑造学生积极向上的价值观和个人品质。

知识拓展

礼仪含义面面观

从个人修养角度来看，礼仪是个人内在修养和素质的外在表现。

从道德角度来看，礼仪是待人接物的行为规范和行为准则。

从交际角度来看，礼仪是交际中适用的一种艺术，是一种交际方式。

从审美角度来看，礼仪是一种形式美。

从传播角度来看，礼仪是交际中相互沟通的一种技巧。

（三）礼仪的特征

礼仪是人们在社会交往中普遍遵循的文明行为准则或规范的总和，具有以下基本特征。

1. 规范性

礼仪既包含内在的道德准则，也涵盖外在的行为规范，对个人的言行举止和社会交往提供了普遍的指导和约束。遵守礼仪规范，能够获得社会的认可与赞赏；相反，违反这些规范则可能导致处处受阻，引起他人的反感并遭受批评。具备良好的礼仪不仅有助于个人在社会中顺利交往，还能提升个人形象和社会地位。反之，缺乏基本礼仪的人往往会在社交场合中遇到困难，难以得到他人的尊重和支持。

2. 操作性

礼仪规范以人为核心，注重实际应用，人人都能学习，并且易于实践，效果显著。“礼者，敬人也”。礼仪的核心在于表达对他人的尊敬。关于如何恰当地展现这种敬意，以及应避免哪些不当的表现，礼仪提供了具体且行之有效的操作方法。通过遵循这些明确的指导原则，人们可以更好地在各种社交场合中展现出对他人的尊重与关怀，从而促进和谐的人际关系。

3. 差异性

礼仪规范通常是根据长期的社会实践和文化传承逐渐形成的，不同国家和地区由于民族特性、文化传统、宗教信仰及生活习惯的不同，往往有着各自独特的礼仪规范。“十里不同风，百里不同俗”，这强调了文化的多样性。因此，在跨文化交流中，我们需要增加对其他文化的了解，尊重这些差异，避免以自我为中心或固执己见。

例如，有一个手势是将大拇指和食指相接形成一个圆圈，其余手指伸直，这个手势在某些文化中表示“OK”，在美国意味着“赞同”或“了不起”。然而，在巴西，同样的手势可能被视为一种冒犯性的表达，暗示对方行为不端。这表明，尽管礼仪有一定的固定形式与规则，但我们也必须注意适应不同的时间、地点和对象，“入乡随俗”。理解和尊重这些差异有助于我们在多元文化背景下建立和谐的人际关系，避免不必要的误解和冲突。

4. 社会性

礼仪是一门涉及社会交往的学问，它源于社会生活，并成为全社会共同认可和普遍遵循的准则。通过礼仪，人们能够在社交场合中恰当地表达尊重与礼貌，促进和谐的人际关系。这些规范不仅反映了社会的价值观和文化传统，也为个体之间的互动提供了明确的行为指导，确保交流的顺畅与得体。

5. 发展性

礼仪规范并不是固定不变的，而是随着时代的发展和科技的进步，在继承传统的基础上不断更新和发展，以适应新时代的要求和精神。例如，在我国，握手基本取代了传统的作揖，鞠躬替代了跪拜礼。如今，在节假日通过微信、电话、短信或送上鲜花来向亲朋好友表达祝贺与问候，是礼仪随时代发展而演变的具体例证。这种发展性体现了礼仪能够与时俱进，既保留了其核心价值，又根据现代社会的特点进行适当的调整和创新。这表明礼仪不仅是一种历史文化的传承，也是一种反映当代社会风貌和人们生活方式变化的动态体系。

二、礼仪的原则与功能

（一）礼仪的原则

礼仪的原则是人们处理交际关系时应遵循的指导思想，具体如下。

1. 尊重原则

尊重是礼仪的核心与重点。正如古人所说：“敬人者，人恒敬之。”只有彼此之间相互尊重，人际关系才能更加和谐融洽。对于中职生而言，在与他人交往时，不仅要做到自尊和自爱，还应尊重他人的人格、劳动及价值。同时，也要尊重他人的兴趣爱好和个人情感，不将自己的喜好和意愿强加于人。这意味着在交流过程中，要理解和接纳对方的选择与生活方式，以建立基于互相尊重的积极关系。

2. 平等原则

平等意味着对每一位交际对象都给予同等程度的尊重和礼遇，无论其背景、地位或身份如何。它是人们建立真诚情感联系的基础，也是维持良好人际关系的关键所在。对于中职生来说，在与他人交往时，应当秉持平等的态度，公平对待每一个人。通过礼貌待人，做到有来有往，既不应表现出盛气凌人的态度，也不应卑躬屈膝。在人际交往中保持这种平衡，有助于构建基于相互尊重和平等对话的关系网络。这样做不仅能够促进人们和谐相处，还能培养出更加开放和包容的社会风气。

3. 真诚原则

真诚体现为一种实事求是的态度，既是对人也是对事的真心实意。对于中职生来说，在与他人交往时，必须坚持诚实守信、言行一致和表里如一的原则，杜绝虚情假意和矫揉造作。这意味着在人际交往中要保持真实可信，所说的话和所做的事应当反映内心的真实想法和态度。只有这样，才能建立起深厚的信任关系，并赢得他人的尊重。真诚不仅是个人品格的重要标志，也是构建和谐人际关系和良好社会环境的关键因素。

4. 适度原则

适度指的是在运用礼仪时准确把握交际的尺度，涵盖与交际对象之间的情感表达、言语交流以及行为举止等方面的分寸感。古人有云：“礼多人不怪。”然而，在实际应用礼仪的过程中，如果不注意把握好度，过度的热情也可能导致他人的不适甚至反感。因此，对于中职生而言，在运用礼仪时应特别注重掌握适当的分寸，确保情感、言语和行为都恰到好处。这意味着既要表现出足够的尊重和礼貌，又不能过分热情以至于给对方造成压力或不适。通过精准地把握这些尺度，中职生能够在社交场合中更加自如地展现自己的礼仪修养，从而建立起更为和谐的人际关系。这不仅有助于提升个人形象，也有利于营造一个更加融洽的社会环境。

知识拓展

真诚待人的注意事项

1. 倾听并关注对方

真正聆听他人的言语，并给予适当的反馈，表明你在认真听他们说话。这不仅包括言语上的回应，也包括肢体语言，如点头、眼神接触等。

2. 保持诚实和透明

在交流中保持诚实，不要故意误导或夸大事实。如果有什么不清楚的地方，坦诚地说出来。

3. 尊重他人意见

即使你不完全同意对方的观点，也要尊重他们的看法。每个人都有权拥有自己的观点，学会接受差异是真诚待人的关键之一。

4. 表达真实感受

适当地分享你的感受和想法，但要确保这种分享是基于相互信任的基础上进行的。避免过度自我暴露，以免给对方造成压力。

5. 遵守承诺

如果你答应了做某件事，就要尽力去完成。如果因为某些原因无法兑现承诺，要及时告知对方并解释原因。

6. 表现出同情心

尝试理解他人的情感和处境，对别人的困难或不幸表示关心和支持。共情能加深彼此之间的关系。

7. 避免评判

尽量不要急于对别人的行为或选择做出判断。每个人的生活经历和背景都不同，应该给予理解和宽容。

8. 积极沟通

当有问题或误解出现时，主动与对方沟通解决，避免让问题积累导致更大的矛盾。

9. 展现真实的自己

不要为了取悦别人而伪装自己。做最真实的自己，才能吸引那些真正欣赏你的人。

（二）礼仪的功能

礼仪具有多重重要的功能。对个人而言，礼仪能够帮助个人提升修养；对社会而言，礼仪能够调节人与人之间的关系，进而促进社会的和谐发展。

1. 提升个人修养

礼仪有助于个人在仪容、仪态、谈吐、服饰等多个方面提升自我修养。例如，当中职生学习并掌握了礼仪规范后，会自觉地在日常生活中遵守这些准则，确保自己的衣着整洁得体，在与人交往时言谈举止优雅大方，展现出良好的个人素养。这样不仅能够让中职生在社交场合中更加自信从容，还能给交际对象留下深刻而美好的印象。

2. 调节人际关系

礼仪如同人际交往中的钥匙，是连接人们情感的纽带，也是促进友好沟通的桥梁。它能够帮助人们构建一个平等、团结、友爱和互助的新型人际关系环境。当中职生熟练掌握并运用礼仪时，便能更有效地表达对交际对象的尊重，增强彼此间的理解和友谊。这样一来，不仅能促进和谐、积极的人际关系的形成，还能为个人发展创造更加有利的社会条件。通过礼仪的应用，中职生能够在各种社交场合中展现出良好的素养，赢得他人的信任与尊重，从而建立起深厚而持久的人际网络。

3. 促进社会和谐

古人云："礼之用，和为贵。"这句话强调了在人际交往中，人们应当遵循礼仪规范，重视和谐与和睦。礼仪指导我们在待人接物时讲究规矩和礼貌，以和谐为最高准则和美的体现。通过遵守礼仪规范，人们能够在相互尊重的基础上加深了解、促进合作，从而最大限度地减少社会中的摩擦和冲突。这样不仅有助于个人关系的融洽，更能推动整个社会向着更加和谐的方向发展。

三、培养礼仪修养

俗语云："做人先学礼。"礼仪教育是人生的第一课。中职生应认真学习礼仪知识，积极参与礼仪训练，培养自身礼仪修养，使自己养成按礼仪规范待人接物的行为习惯。

（一）礼仪修养的内容

礼仪修养是人们内在道德品质、文化知识、行为习惯和心理素质的反映和折射，因此，礼仪修养的内容主要包括以下四个方面。

1. 道德品质

"有德才会有礼，无德必定无礼，修礼宜先修德。"这句话深刻揭示了道德品质与礼仪行为之间的紧密联系。实际上，培养高尚的道德品质和养成良好的礼仪习惯是一个相辅相成的过程。一个人若想真正展现出优雅的礼仪，首先需要在内心深处建立起坚实的道德基础。

道德修养不仅是外在行为的表现，更是一种内在精神的修炼。这意味着，在日常生活中，每个人都应当从最基本的小事做起，比如尊重他人、诚实守信、乐于助人等。通过这些细微但重要的行为，我们可以逐步形成一种自然而然的礼貌态度，并将其融入每一次社交互动中。一个始终关注自身道德修养的人，会将礼仪行为转化为具有深远道德意义的行为，使其不仅成为个人形象的一部分，也成为影响周围人的正面力量。

对于中职生而言，提升礼仪修养的关键在于努力提高自身的道德品质。这要求我们在日常生活中不断陶冶情操，追求至善至美的理想境界。无论是对待同学、老师还是家人，都应保持一颗真诚的心，用实际行动去践行道德规范。例如，在遇到分歧时保持冷静与理智，在别人需要帮助时伸出援手，在任何场合都以礼待人，体现出对他人的尊重与关怀。

通过这种方式，中职生不仅能提升个人的礼仪修养，还能促进自我全面发展和社会责任感的增强。我们在学习和实践中应理解并实践"有德有礼"的理念，进而成为一个既有深厚道德底蕴又有良好礼仪风范的社会成员。这样的修养不仅有助于个人成长，也为构建更加和谐美好的社会环境奠定了坚实的基础。

2. 文化知识

古人有云："腹有诗书气自华。"这句话深刻地揭示了内在修养与外在气质之间的紧密联系。礼仪作为文化的重要组成部分，其内涵丰富而深远，不仅涵盖了基本的行为规范，还涉及许多学科的知识和理解。一个人若想真正理解和掌握礼仪的原则和规范，就必须拥有广博的文化知识。

例如，学习心理学可以帮助我们更好地理解和尊重他人的人格和情感，同时增强自我控制能力，使我们在社交场合中更加从容自信。历史学能让我们了解到不同文化和时期中的礼仪演变及其背后的社会意义，从而更深刻地认识到礼仪在现代社会中的价值和作用。此外，文学、哲学等学科也能为我们提供丰富的视角，帮助我们理解人类行为的复杂性以及如何通过礼仪来促进和谐的人际关系。

因此，对于中职生来说，想要提升自己的礼仪修养，仅仅遵守表面的行为规范是不够的，还需要注重文化知识的学习，不断提高自身的综合素质。这包括广泛阅读各类书籍，参加各种学术讲座和社会实践活动，积极参与文化交流活动。通过这些方式，不仅可以拓宽视野，增加知识面，还能培养批判性思维能力和跨文化的理解力。

提高文化知识修养是提升礼仪修养的重要基础。中职生应将学习文化知识视为一种持续的过程，在不断积累知识的同时，深化对礼仪原则的理解，并将其灵活应用于日常生活之中。这样不仅能提升个人的魅力和素养，还能为未来的职业发展和个人成长打下坚实的基础。通过内外兼修，中职生能够在多元化的社会环境中展现出独特的风采和深厚的底蕴。

3. 行为习惯

习惯是通过后天长期的培养和练习逐渐形成的。一旦某种行为模式成为习惯，人们在特定情境下会不自觉地重复这些行为，无须刻意提醒或作出努力。礼仪作为一种在人际交往中的行为模式，同样需要通过长期、自觉的练习才能内化为个人的行为习惯。只有当礼仪规范成为一种自然而然的行为反应时，个体才能在各种社交场合中更加自如地运用这些规范，从而有效地提升人际交往的质量。

对于中职生而言，将礼仪转化为个人的自觉行为和习惯做法尤为重要。这意味着不仅要理解和掌握礼仪的基本原则和具体要求，还需要在日常生活中不断实践和巩固这些行为模式。例如，在与人交流时始终保持礼貌的态度，使用得体的语言；在公共场合遵守相应的礼仪规范，展现尊重和理解；以及在面对不同文化背景的人群时，能够灵活调整自己的行为以适应不同的礼仪要求。

为了达到这一目标，中职生可以从日常生活中的小事做起，如每天坚持使用礼貌用语，主动向他人表示关心和尊重，注意自己的言行举止是否符合礼仪规范等。随着时间的推移，这些行为将逐渐变成习惯，并在不知不觉中融入个人的行为模式中。这样一来，无论是在学校、家庭还是在社会的各种交际场合，中职生都能自然而然地遵守礼仪规范，展现出良好的个人素养和风范。

这种习惯化的礼仪行为不仅有助于提升个人形象和社会适应能力，还能促进和谐人际关系的建立和发展。通过这种方式，中职生不仅能更好地融入社会，还能为营造一个更加文明、友善的社会环境贡献自己的一份力量。

4. 心理素质

良好的心理素质是个人能否顺利参与交际活动及完美运用礼仪的关键因素之一。中职生应注重提升自身的心理素质修养，以便在面对交际中的困难或突发情况时，能够保持沉着稳定的心理状态，根据所掌握的信息迅速做出合理反应，有效化解危机。相反，如果心理素质欠佳，在参与重大交际活动前可能会出现惊慌、惧怕、心神不宁、四肢颤抖及说话声调异常等情况，这些负面情绪和表现不仅会影响个人的礼仪展示，还可能导致交际失败，影响人际关系的建立和发展。因此，培养稳定的心理素质对于中职生来说至关重要。

知识拓展

习惯的形成阶段

习惯的形成大致分为三个阶段。

第一阶段：1 ~ 7 天。这个阶段你必须时刻提醒自己、要求自己遵守新习惯。在提醒、要求自己时，你也许会感到不自在、不舒服，然而，这种感受是正常的。

第二阶段：8 ~ 22 天。经过一周的时刻提醒、要求，你已经能比较自在、舒服地保持新习惯了。但你不可大意，因为一不留神，还会有恢复原状的可能。所以，在这个阶段，你依然要时刻提醒、要求自己遵守新习惯，否则，就会前功尽弃。

第三阶段：23 ~ 90 天。这一阶段是习惯的稳定期，你不必再刻意要求自己遵守新习惯，因为新习惯正逐渐成为你行为中的一部分。

（二）礼仪修养的培养途径

培养礼仪修养是指人们依照礼仪规范的要求，并结合自己的实际情况，所进行的自我锻炼和自我改造的过程。具体而言，培养礼仪修养的途径主要包括以下四种。

1. 自觉接受礼仪教育

礼仪意识和行为并不是与生俱来的，而是通过后天的学习和实践逐渐培养起来的。对于中职生来说，要想提升自己的礼仪修养，首先必须深刻认识到礼仪修养的重要性，并产生强烈的自我提升愿望。只有当个人意识到礼仪在社会交往和个人成长中的关键作用时，才会积极主动地投入到礼仪学习中去。

为了有效提升礼仪修养，中职生应当自觉接受系统的礼仪教育，通过课堂学习、专题讲座、课外阅读等多种方式，全面了解礼仪的基本原则和具体要求。同时，积极参与社交实践活动，如志愿服务、模拟面试等，将所学知识应用于实际情境中，不断检验和完善自身的礼仪行为。此外，树立良好的礼仪意识至关重要，这意味着不仅要懂得如何做，更要理解为什么这样做，从而形成一种内在的自觉遵守礼仪规范的态度。明确礼仪修养的标准和要求也是必不可少的，这包括掌握不同场合下的礼仪细节和规范，学会根据不同文化背景调整自己的行为。

2. 积极参与礼仪实践

培养礼仪修养的关键在于实践。对于中职生来说，想要真正提升自己的礼仪修养，积极参加各种礼仪实践活动是必不可少的。这意味着不仅要在课堂上学习理论知识，还需要有意识地进行实际操作和训练。通过模拟真实的社交场景，如正式会议、公共活动或家庭聚会等，中职生可以将所学的礼仪知识应用于实践中，从而更好地理解和掌握其应用方法。

积极参与礼仪实践活动有助于巩固理论知识，并使其转化为实际行动。中职生应当坚持理论联系实际的原则，将学到的礼仪规范融入日常生活的各个方面，无论是与同学、老师还是与家人的交往中，都自觉地以礼仪来规范自己的言行举止。例如，在日常对话中使用礼貌用语，在公共场合保持得体的行为举止，在面对不同文化背景的人时展现出尊重和理解。

通过反复练习和不断反思，中职生可以逐渐将这些礼仪行为内化为自身的行为习惯。中职生若想提升礼仪修养，就要积极地参加礼仪实践活动，有意识地进行礼仪训练，坚持理论联系实际，将自己所学到的礼仪知识运用于日常生活的各个方面，时刻自觉地以礼仪来规范自己的言行举止，将礼仪内化为自身的行为习惯。

3. 提升道德文化修养

礼仪与道德文化是相辅相成、密不可分的。良好的道德文化修养不仅是提升礼仪修养的基础，也是个人全面发展的重要组成部分。对于中职生而言，要想在礼仪方面有所提升，首先必须树立正确的世界观、人生观和价值观。

具体来说，中职生应注重学习文化知识，通过阅读经典书籍、参与文化活动等方式，不断拓宽自己的视野和知识面。这不仅有助于提高个人的文化素养，还能加深对不同文化和礼仪规范的理解。例如，了解历史上的礼仪传统和现代社会的礼仪要求，可以帮助学生更好地适应各种社交场合。

提升道德文化修养还需要在生活中践行这些理念。比如，在与同学、老师和家人的日常交往中，始终保持礼貌和尊重；在面对困难和挑战时，展现出坚韧不拔的精神和积极乐观的态度；在遇到需要帮助的人时，主动伸出援手，传递正能量。

4. 不断进行自我反省

古人云:“吾日三省吾身。”这句话强调了自我反省的重要性。对于中职生来说，若想提升自己的礼仪修养，时刻进行自我反省和自我检查是至关重要的步骤。通过定期反思自己的行为举止，不仅可以及时发现自身的缺点和不足，还能找到改进的方向，逐步将礼仪规范内化为自觉行动和习惯做法。

具体而言，中职生可以在每天睡觉前花几分钟回顾一天中的社交互动，思考自己在哪些场合表现得体，在哪些方面还可以做得更好。例如，在与同学、老师或家人的交流中是否始终保持礼貌？在公共场合的行为举止是否符合礼仪规范？通过这种细致的自我审视，能够帮助学生更加清晰地认识到自己的优点和需要改进的地方。

自我反省的过程也有助于培养自律精神。当中职生开始主动关注自己的言行，并不断调整以达到更高的礼仪标准时，这些规范就会逐渐成为日常生活的一部分，而不再仅仅是外在的要求。这种内在化的转变不仅提升了个人的礼仪修养，还增强了自我管理和自我约束的能力。

要点归纳

礼仪是人们在交际过程中为了相互尊重而约定俗成的行为规范与准则，涵盖了礼貌、礼节、仪表和仪式等多方面的内容。礼貌体现在言语和行为上对他人的尊敬与友好；礼节是表达情感及维护人际关系的重要方式；仪表关注个人外在形象，传递积极的生活态度；仪式通过特定的形式增强集体荣誉感和社会凝聚力。礼仪具有规范性、操作性、差异性、社会性和发展性的特征，并遵循尊重、平等、真诚和适度的原则，有助于提升个人修养、调节人际关系及促进社会和谐。培养礼仪修养需注重道德品质、文化知识、行为习惯和心理素质的全面提升，通过自觉接受礼仪教育、积极参与礼仪实践、提升道德文化修养及不断自我反省来实现。

学习探索

礼貌用语练习

【活动描述】

礼貌是礼仪的重要组成部分，它不仅体现了对他人的尊重，也反映了一个人的文化素养。通过开展礼貌用语练习的实践活动，帮助学生养成在日常交流中自觉使用礼貌用语的习惯。本次活动将模拟各种社交场合，让学生体验并实践如何恰当地运用礼貌用语进行有效沟通，从而提升社交技巧和个人魅力。

【活动分组】

全班学生每 4 ~ 6 人为一组，各组选出组长并进行分工，将小组成员及分工情况填入下表。

小组成员及分工情况

班级：　　　　　　　　　　　　　　组号：　　　　　　　　　　　　指导教师：

小组成员	姓名	学号	任务分工
组长			
组员			

【活动准备】

（1）制订一份详细的活动计划。

（2）准备一些情境卡片，每张卡片上都写一个特定的社交场景。

（3）准备一些小礼品作为奖励，以激发参与者的积极性。

【活动实施】

各组按照分工开展礼貌用语练习活动，并将具体实施情况记录在下表中。

活动实施情况记录表

时间安排	实施步骤

【评价反馈】

各组配合指导老师填写下面的考核评价表。

考核评价表

评价内容	分值	得分
参与活动的积极性、主动性	25	
团队协作能力	25	
独立思考能力、创新能力	25	
对礼貌用语的掌握情况	25	
教师点评：		

专题四

匠心笃行，共筑坚实品质

内容导航

在中华民族悠久的历史中，勤劳智慧的古人为我们留下了无数辉煌的文化遗产，如万里长城、大运河等伟大工程，以及素纱禅衣、榫卯结构等技艺结晶，这些成就背后蕴含的是源远流长的工匠精神。这种精神，不仅体现在对传统技艺的执着追求上，更在于敬业、精益、专注和创新的职业态度，它推动了社会的进步与国家的发展。今天，在全球化竞争日益激烈的背景下，弘扬工匠精神对于提升我国制造业水平、增强国际竞争力具有重要意义。通过本专题的学习，我们一起领略这一精神的魅力，并将其融入日常生活与工作中，为实现中华民族伟大复兴贡献力量。

学习目标

知识目标

1. 掌握工匠精神的核心理念。
2. 认识工匠精神的传承与发展，理解其在不同历史阶段的具体表现。
3. 理解工匠精神在国家、企业、个人层面的重要意义。
4. 了解工匠精神如何推动社会进步、经济发展和个人成长。

技能目标

1. 能够在学习和工作中追求卓越，注重细节，不断提升工作质量。
2. 能够在面对复杂任务时保持耐心和毅力，专注于目标。
3. 能够在实践中勇于探索和尝试新的方法，推动个人和团队的创新。

素质目标

1. 增强对学习和工作的责任感，培养奉献精神和主人翁意识。
2. 通过学习工匠精神，树立劳动光荣的意识，培养勤劳肯干、爱岗敬业的职业道德。
3. 认识到工匠精神对社会和国家发展的重要性，增强为社会进步贡献力量的责任感。
4. 在实践中学会与他人协作，共同完成任务，提升团队合作能力。

探索新知

山东曲阜：传承鲁班工匠精神

鲁班文化作为中华民族珍贵的遗产，其中蕴含的工匠精神已成为新时代不可或缺的精神动力。近几年，作为鲁班的故乡，山东曲阜充分利用其丰富的历史文化资源，通过举办多样化的文化活动、拓展实践场地、充实研学课程等方式，生动讲述“鲁班故事”，传递和弘扬工匠精神。

每年6月16日，中国曲阜鲁班文化节都会如期举行，“班门”传人和社会各界人士共同祭祀“工圣”鲁班。曲阜会在鲁班的诞辰举办各种形式的纪念活动。2006年6月16日，曲阜举行了为期20天的中国曲阜巧圣鲁班文化展暨首届鲁班文化节，观众3万多人，包括法国、埃及和欧盟曲阜工作室代表帕弗等各国友人。截至目前，中国曲阜鲁班文化节已连续成功举办19届。

在鲁班文化节期间，还开展了“鲁班杯”古建技能大赛、工匠精神与传统文化论坛、历史文化名城与城市更新研讨会、鲁班文化与质量强国研讨会、海内外鲁班庙保护研讨会、工匠精神讲堂以及体验孔子文化、始祖文化等系列活动，弘扬中华优秀传统文化。

每周五下午，鲁城街道书院街小学的社团工艺课上，教师们会引导孩子们参与非遗泥塑、古建彩绘以及绢花等传统手工艺制作，深入挖掘本地传统文化和民间工艺的历史，并将这些独特的文化元素融入课程里。在学校特别设立的“鲁艺坊”主题展厅中，展示了大量反映曲阜深厚传统文化遗产的作品，还有学生们仿制的以孔府古代社会生活为主题的体验作品。

“我们通过学展结合、制作体验等形式，让学生从小了解和认识鲁班精神，鼓励他们传承和发扬鲁班工匠精神。”书院街小学校长说。

曲阜市大力开展中华优秀传统文化进校园活动，当地几乎所有的中小学和幼儿园都设置了传统手工艺课程，如常态化的木工制作、楷雕等具有地方文化特色的实践活动。在校外，通过在景区、研学机构以及新时代文明实践站等地设立研学和实践基地，为孩子们提供了更多动手操作的机会，在实践中感受工匠精神的精益求精与专注执着。

“爱国敬业、自主创新、崇德守矩、执着专注、精益求精、一丝不苟、追求卓越……”前不久，来曲阜鲁班故里园拜谒鲁班的葡萄牙“鲁班工坊”师生一遍遍地品味28字的鲁班工匠精神。

如今，“鲁班工坊”品牌已在29个国家落地生根，鲁班文化传承与创新已从国内走向世界。每年，曲阜还会举办鲁班工匠精神论坛等大型文化活动，邀请国内外专家学者、工匠大师、企业家等各界人士参加，扩大鲁班文化的国际影响力。

资料来源：赵秋丽，李志臣．山东曲阜：传承鲁班工匠精神．（2024-11-27）[2025-04-04]. http://edu.people.com.cn/n1/2024/1127/c1006-40370089.html.

素养追寻

一、勤劳是中华民族的传统美德

我国古代劳动人民在用勤劳双手创造幸福生活的过程中，充分发挥了他们的聪明才智，创造了令世界瞩目的辉煌文明。他们在建筑、手工业、天文学、地理学等多个领域取得了非凡成就。例如，万里长城、龙门石窟、大运河等都是中国古代文明成果的杰出代表。薄如蝉翼且重量不足50克的素纱禅衣，以及榫卯结构和记里鼓车等，都是我国古代劳动人民智慧的结晶，展示了他们卓越的创造力和技术水平。这些成就不仅体现了古代劳动人民的勤劳与智慧，也为后世留下了宝贵的文化遗产。

素纱禅衣

拓展阅读

领略古人智慧，展望运河未来

1月17日，“从千年灵渠到平陆运河——飞阅平陆运河、环北工程、古桂柳运河及灵渠社科科普巡展”在南宁市图书馆启动。此次展览让参观者仿佛穿越时空，体验灵渠的古老韵味与古人的治水智慧，同时也能展望平陆运河带来的未来繁荣。通过这次展览，每一位踏入图书馆的朋友都能深切感受到中国水利文化的深厚底蕴，激发对本土历史文化的自豪感，并增强保护水资源和支持国家重大工程建设的责任感。

为全面展示平陆运河、环北工程的战略价值，自治区社科联深入工程建设一线，运用无人机全程跟踪拍摄，采集大量最新一手实景影像资料，精心制作。此次科普巡展图文并茂，展示平陆运河与环北工程的建设成就以及广西水运历史文化，感受古老水运深厚的文化底蕴和现代水运工程带来的巨大变革。

记者在现场看到，巨幅展板全长378米、高1.5米，由“平陆运河”“飞阅灵渠”“古桂柳运河”“水系桂运”四大主题组成，生动展示平陆运河沿线的自然风光、人文景观、工程壮观景象和环北部湾广西水资源配置工程全貌，古桂柳运河部分遗迹及其在交通、军事和农业灌溉等方面的功能作用，以及古老水运工程——灵渠的历史背景及多重功能等内容。

灵渠，作为世界上最古老的运河之一，自秦代开凿以来就以它非凡的水利智慧连接了湘江与漓江，见证了中华文明悠久的历史和辉煌成就。现在，平陆运河的规划与建设不仅是一项重大的国家战略工程，也标志着新时代广西乃至中国在对外开放与合作方面开启了新的篇章。它将重新绘制水运版图，促进区域经济一体化发展，成为连接北部湾经济区与内陆地区的重要通道。

南宁市作为平陆运河始发港的所在地，随着平陆运河的建成，其城市空间布局将被重塑，“南宁渠道”也将得到质的提升，助力南宁转变为滨海城市，并促进南宁、北海、钦州及防城港形成城市群，推动北部湾国际门户港的建设。广西和西南中南地区的货物从南宁经平陆运河出海相比经由广东出海缩短了563公里，这将极大地促进南宁在物流、贸易以及工业领域的发展，使其成为中国西南中南地区与东盟国家间贸易往来的重要枢纽，构建起一个依托运河发展的经济带，推动向海经济的繁荣发展。

据悉，此次巡展已在广西图书馆、钦州、玉林、柳州、桂林、贺州以及北京首都图书馆、云南文山等地举办，市民不仅被壮观的现代建设场景所震撼，也被广西水运的历史文化所吸引，纷纷表达对广西发展的高度关注。

资料来源：凌剑伊，秦炎昆．领略古人智慧，展望运河未来．（2025-02-08）[2025-04-04].http://gx.people.com.cn/n2/2025/0208/c349603-41129734.html.

学思并进

万里长城、大运河等伟大工程展示了中国古代劳动人民在建筑和水利工程上的卓越成就。请结合这些例子，探讨古代工匠如何通过创新和技术解决实际问题，并讨论这些对职业学校学生学习专业技能有哪些启示。

____

____

____

二、领会工匠精神的内涵

在我国几千年文明史中，工匠精神源远流长，“巧夺天工”“匠心独运”“技近乎道”等词汇都是对这种精神的高度概括。中华人民共和国成立以来，出现了大庆精神、红旗渠精神、“两弹一星”精神、载人航天精神、丝路精神、新时代北斗精神……时代的发展不断为工匠精神注入新的内涵，使得中国路、中国桥、中国港口、中国核电等成为一张张让中国人引以为傲的“名片”。

工匠精神属于职业精神的范畴，是劳动者的一种职业价值取向和行为表现。具体而言，它是劳动者尤其是工匠们，对产品精雕细琢、精益求精的理念，不断地雕琢产品、改善工艺的精神追求。工匠精神的核心是对高品质的追求，工匠精神的目标是打造本行业的精品，其基本内涵包括以下四个方面。

（一）全身心投入的敬业精神

敬业精神是指人们因对某项工作或职业的热爱而产生的一种全身心投入、认真负责的职业态度，其核心在于奉献。具体来说，敬业精神表现为在自己的专业领域内养成强烈的主人翁意识，将职业视为个人事业的一部分，在日常工作中始终保持认真踏实、尽职尽责、追求卓越的态度。这意味着不仅要在岗位上恪尽职守，还要不断追求工作质量的提升，培养积极向上的劳动态度和艰苦奋斗的精神。通过这种方式，个人可以最大限度地发挥自身潜力，为企业、行业乃至国家的发展贡献自己的力量。敬业精神不仅是对工作的尊重，更是对自己职业生涯的负责与承诺。它激励着每个人在各自的岗位上努力拼搏，力求实现更高的目标和价值。

拓展阅读

周家荣：演绎“钢丝绳”，制造精彩人生

获得“全国五一劳动奖章”“中华技能大奖”，享受国务院政府特殊津贴等荣誉的贵州钢绳股份有限公司“国家级周家荣技能大师工作室”负责人、二分厂二钢绳车间股绳工段段长周家荣说：“科学技术无止境，必须精益求精，唯有不忘初心，一步一个脚印，才能不断攻坚克难。”

从业 30 多年，周家荣早已从一名稚嫩的学徒成长为国内一流的钢丝绳制造技能大师。面对自己的工作，他始终不改本色，时刻想着车间里的钢丝绳生产，时刻关注着钢丝绳的质量。

周家荣凭借其过硬的技术和精湛的业务能力，长期负责生产高附加值产品，熟练掌握各种机器设备的操作、维护及修理，并能提供专业的技术指导。他参与了 15 批次共计 36 件特殊、重点及具有重要用途产品的生产工作，所有产品经技术质量部门检验均达到合格标准，并在交付用户后未出现任何质量问题。这些产品广泛应用于虎门大桥、航天军用设施、高层建筑以及桥梁等国内外重大建设项目中。

通过这些高质量产品的生产，贵州钢绳不仅在国内和国际市场上显著提升了影响力，同时也增强了在行业内外的知名度与美誉度。周家荣的工作为贵州钢绳股份有限公司重新定位市场、加速产品结构的调整以及积累技术实力提供了重要的引导和支持，奠定了坚实的基础。

例如，周家荣带领团队研究“解决 6×26SW 股绳内层钢丝‘骑马’问题”这一课题，经过大胆摸索和实践，成功解决了 6×26SW 股绳内层钢丝“骑马”的技术难题，拓展了贵州钢绳股份有限公司的产品市场空间，为贵州钢绳股份有限公司创造了不菲的经济效益。

在周家荣的带领下，“国家级周家荣技能大师工作室”成立，培养了一大批知识型员工。周家荣提出“实用与实践相结合”的教学原则，独创出一套“股绳工培训课堂＋实践”综合教学法（即运用“课堂理论→操作实践→课堂理论”的教学方法），坚持理论联系实际，在搞好理论培训的同时，结合生产实践，对平时生产过程中容易遇到的技术疑难、技术要领进行演练、讲解，使授课变得生动、具体。员工们亲切地称周家荣为车间技术人才培养的“多产教师”。

资料来源：孙远桃，赵飞宇. 周家荣：演绎“钢丝绳”，制造精彩人生.（2017-06-17）[2025-04-04].http://china.chinadaily.com.cn/2017-06/17/content_29782691.htm.

学思并进

阅读这篇文章，作为中职生的你，有什么感触？

____

____

____

____

____

（二）追求卓越的精益精神

精益，即精益求精，代表着对卓越品质的不懈追求和执着坚持。精益精神不仅是一种工作态度，更是一种职业品质，体现了劳动者对每件产品、每道工序都有着力求完美的精神。这种精神驱动着人们在工作中不断改进和完善，致力于将产品质量的完美程度从 99% 提升至 99.99%，甚至更高。

正如老子所言：“天下大事，必作于细。”这意味着任何伟大的成就都源于对细节的关注和精心雕琢。无论是制造精密机械，还是手工制作艺术品，每一个环节都需要极致的专注与严谨。精益求精的过程是一个持续优化的过程，通过反复检验、修正和创新，消除每一个微小的瑕疵，确保最终成果达到最高标准。

许多大国工匠正是凭借这种精益求精的精神才取得非凡的成功。他们不满足于现状，总是寻求突破和改进，哪怕是最细微的细节也不放过。例如，在古代建筑中，工匠们会精心挑选材料，精确计算结构，以确保建筑物能够历经数百年而不倒；在现代制造业中，工程师们通过不断的试验和技术革新，使产品的性能和可靠性达到前所未有的高度。

精益精神不仅要求个人具备高超的专业技能，还需要拥有坚韧不拔的毅力和对完美的无限追求。它鼓励人们超越自我，挑战极限，从而创造出真正意义上的精品。无论是在工业生产、艺术创作还是科学研究领域，这种精神都是推动进步和创新的关键动力。因此，对于每一个追求卓越的人来说，培养并践行精益精神不仅是实现个人价值的重要途径，也是为社会创造更大贡献的必要条件。通过不断地努力和追求，我们可以将每一个项目、每一件作品打磨成真正的杰作，以此来展现“精”与“益”的深刻内涵。

拓展阅读

他精益求精、全心全意做健康守护者

从医 38 年来，他接诊了几十万名患者，从未出现过医疗纠纷和投诉。他就是四川泰康医院神经内科专家范文辉。

医学传承至关重要。范文辉受益于老一辈医学名家的深刻影响，“有时候，为了密切观察病情，范老师会搬个小板凳坐在病人床边，整晚守候，仅仅是为了监测胆汁引流的情况。这些经历给了我极大的熏陶和教育。”范文辉的学生说。

细心——一个小巧思，解决看病难

“小其心而能谋，息其心而能全”，范文辉很感谢当年毕业时一位老师给他的赠言。在工作中，范文辉坚信“处处留心皆学问”。可能一个细小的改变，就能为患者的治疗效果带来很大的不同。

他举了一个例子，“有些面神经炎患者不适合全身使用激素，尤其是糖尿病和高血压患者，怎么办呢？我们就创造性地使用地塞米松口腔贴片，直接贴在患者面瘫的那一侧。这个方法在国内属于首创，取得了良好的效果，促进了面瘫患者的康复。”

受到加速康复外科成功实践的启发，范文辉提出“内科快速康复”的概念。“传统内科住院治疗往往时间较长且恢复效果较慢。通过多学科协作，我们为患者提供综合治疗方案，以加快他们的康复速度。例如，在处理因耳石症引起的眩晕时，一个简单的手法复位就能立即见效；内科住院患者在进行口服药物或输液治疗的同时，也可以参与一些基础的心肺功能锻炼等。”

针对睡眠打鼾的患者，范文辉在国外学习了一套口腔肌肉运动操，通过这种锻炼可以改善打鼾患者的症状，效果显著。

针对就医难问题，范文辉提出一项创新的小建议。他注意到，患者在大医院常常需要排队等待数小时，而实际看病时间却仅有几分钟。“早在十几年前，我就想到了一个

解决方案，即为排队等候的患者设计一份表格，让他们填写主要症状、就诊诉求及联系方式等信息。这样不仅让患者的等待时间更有意义，同时也能帮助医生更迅速地理解病情，因为问诊时患者并不能准确地描述自己的状况。这种方法有效地提高了诊疗效率。”

“这个方法我已经在临床中应用了，效果很好。患者在等待期间把病情写下来，医生阅读后能更全面地了解患者情况，随访诊断也更方便。”范文辉补充道，“未来甚至可以通过 iPad 填写表格，这样既便捷又高效。”

范文辉相信，这种模式不仅能缓解患者长时间等待的焦虑，还能加强医患之间的沟通，值得在更大范围内推广。

广学——神经内科医生，也会中医、营养和健康管理

神经内科医学既复杂又精细，要求医生不仅需精通神经解剖、影像学、电生理以及精神病理学等广泛的知识领域，还需要拥有细致入微的观察能力和全面的临床技能。对于这一点，范文辉有着深刻的体会。

“神经内科涉及脑、脊髓和神经系统，这些都是非常精细且易损伤的组织。要在这个领域做好医生，必须比常人付出更多的努力。”范文辉说。他不仅精通神经影像和电生理，还取得了临床药师、临床营养师和健康管理师的资格证书。同时，他还自学了中医知识，尤其是针灸和康复治疗，以便在临床工作中更好地为患者服务。

2019 年，范文辉前往美国考察了当地的睡眠中心，回来后，他将所学知识应用于临床，为有睡眠障碍的患者提供指导，取得了良好的效果。

范文辉是国内较早进行脑血管介入治疗的内科医生。如今，微创脑血管介入治疗已经广泛推广，拯救了许多中风患者的生命，并降低了致残率。他回忆起一个案例，一位 20 岁的大学生突然发生偏瘫性脑梗死，经过两次动脉溶栓手术后仍未见好转。最终，范文辉结合中医的耳垂放血疗法，成功使患者的血管再通，令其快速康复并重返校园。

不仅如此，范文辉还成功救治了一位突发脑梗死的 69 岁医护人员，“脑梗死的治疗必须争分夺秒。我们采用了最新的动脉内取栓技术，在短时间内使患者恢复健康，一周后重返工作岗位。”

“现代医疗技术发展迅速，新的治疗手段和药物层出不穷。为了更好地为患者服务，医生必须不断学习和创新。”范文辉坚信，只有通过不断地学习，才能在临床上融会贯通，为患者提供更全面有效的治疗。

规划——加强健康管理，创建国内首家耳鸣诊治中心

为提升患者的整体健康水平，范文辉有一系列未来规划。例如，他会推广健康管理的理念，“我们希望从治病转变为防病，尤其是在疾病尚未出现时就采取预防措施。”

他还致力于推广“内科快速康复”理念，设计了综合性康复手段，以帮助患者在住院期间加快恢复，尽快回归社会和家庭。

在科研领域，范文辉打算编写一部专注于营养病理学的专著，探讨疾病与不良饮食习惯之间的关联。鉴于这一领域的研究相对较少，他希望这部著作能够填补相关学术空白。除此之外，他还计划为年轻医生创建一个类似国外多伦多笔记的学习平台，提升他们的临床技能和诊疗能力。

范文辉特别关注偏头痛和耳鸣的研究。他表示，偏头痛的脑静脉机制尚未得到充分解决，而耳鸣问题也日益严重。他将在国内创建首家耳鸣诊治中心，旨在为广大耳鸣患者提供专业的诊疗服务。

“医生不仅是健康的守护者，还需要从医学人文社会角度关心和照顾患者。医患之间的和谐关系是医疗成功的保证。”范文辉表示，“我们要尊重每一位患者，患者的信任和鼓励是我们不断前进的动力。”他还强调，患者要多学习医学知识，保持良好的生活习惯，与医生共同战胜疾病，维护健康幸福的生活。

资料来源：王波，宁芝. 他精益求精、全心全意做健康守护者.（2024–08–17）[2025–04–04]. http://sc.people.com.cn/n2/2024/0817/c345167–40947238.html.

（三）持之以恒的专注精神

专注，是一种内心笃定且着眼于细节的耐心、执着和坚持的精神。它要求劳动者做到专心致志，全心全意地忠于自己的职守。专注是所有大国工匠不可或缺的精神特质，代表着一种对工作无与伦比的投入和专业精神。工匠精神不仅意味着对某一领域的长期执着追求，更体现为几十年如一日的坚持与韧性。

成功人士往往在特定领域中“术业有专攻”，他们一旦选定职业方向，便会全身心投入其中，心无旁骛地深耕细作，在各自的专业领域内积累独特的优势，并不断追求卓越。中国自古就有“艺痴者技必良”的说法，强调了专注对于技艺精进的重要性。古代工匠们大多穷其一生专注于某一项或几项内容相近的工作，力求达到极致。例如，《庄子》中记载的庖丁，他通过多年的专注练习，达到了解牛时游刃有余的境界；《核舟记》中的奇巧人王叔远，其精湛的微雕技艺令人惊叹，能够在极其有限的空间内创造出令人叹为观止的艺术品。

这些例子生动地展示了专注的力量——无论是制作复杂的机械装置，还是创作细致入微的手工艺品，只有通过长时间的专注与不懈努力，才能真正掌握一门技艺的精髓，并在该领域取得非凡成就。专注不仅是对外界干扰的排除，更是对内在热情和目标的坚定追求。它教会我们在面对挑战时保持耐心，在遇到困难时不轻言放弃，最终实现从量变到质变的飞跃。

无论是现代职场中的专业人士，还是传统工艺领域的工匠，都需要培养并坚守这种专注精神。唯有如此，才能在各自的领域中脱颖而出，成为真正的行家里手。专注不仅是通往成功的必由之路，也是个人成长和社会进步的重要推动力量。通过持续不断地专注于自己的事业，每个人都有机会创造属于自己的辉煌篇章。

拓展阅读

华罗庚——从杂货店店员到数学大师的蜕变

华罗庚是中国现代数学的重要奠基人之一。他出生于一个经济条件极为拮据的家庭，由于家境贫寒，华罗庚没有机会进入学校接受系统的教育。为了维持生计，他只能在一家杂货店做店员。尽管生活条件艰苦，但华罗庚心中对知识的渴望从未熄灭。

在做店员的时间里，华罗庚充分利用每一分每一秒可以挤出来的时间自学数学。无论是白天在店铺忙碌的间隙，还是夜晚在昏暗灯光下的独处时刻，他都沉浸在数学的世界中。随着时间的推移，华罗庚展现出了他在数学领域的非凡天赋和深刻见解。他的努力和才华最终为他赢得了进入大学深造的机会，从而开启了他的学术生涯。

进入大学后，华罗庚凭借自己不懈的努力和对数学研究的热爱，取得了一系列令人瞩目的成就。他不仅在国内崭露头角，还因其卓越的研究成果而在国际上获得了广泛的认可。华罗庚成为世界级的数学家，为中国乃至全世界的数学发展做出了不可磨灭的贡献。他的故事激励了一代又一代的年轻人，证明了只要有梦想并为之不懈奋斗，就有可能实现自己的价值，并对社会做出重要贡献。

学思并进

华罗庚的故事告诉我们，无论面对怎样的挑战和困境，只要我们保持坚定的信念和持之以恒的精神，就一定能够克服一切困难，实现自己的梦想和目标。请思考还有哪些像华罗庚这样凭借坚定的信念和不懈的努力，在各自的领域取得了卓越成就的人物。

____

____

____

____

____

（四）追求突破的创新精神

工匠精神不仅意味着执着、坚持、专注，有时甚至表现为对工作的陶醉和痴迷，但它绝不是简单地因循守旧或拘泥于某一特定模式的“匠气”。真正的工匠精神包含追求突破、勇于革新的创新内蕴。这意味着工匠不仅要将“匠心”融入生产的每一个环节，保持对职业的敬畏之心和对质量的严苛要求，还需要具备不断追求进步与创新的活力。

工匠精神要求在尊重传统技艺的基础上，积极寻求改进和创新的机会。无论是手工艺制作还是高科技制造，工匠们都需要在坚守职业操守的同时，敢于打破常规，探索新的方法和技术。这种精神不仅体现在对细节的精益求精上，也体现在对整个生产流程的优化和革新中。它鼓励人们在工作中不断挑战自我，超越现有的标准，以实现更高的目标。

古往今来，热衷于创新和发明的工匠们始终是科技进步的重要推动力量。例如，改革开放以来，中国涌现出了一批杰出的工匠代表，他们用自己的智慧和努力推动了国家的技术进步和社会发展。汉字激光照排系统发明人王选通过技术创新，彻底改变了中文印刷业的传统模式；比亚迪创始人王传福以其卓越的技术创新能力，使比亚迪成为全球领先的新能源汽车制造商之一；从事高铁研制生产的工人以及致力于特高压、智能电网研究运行的电力工人们，同样展现了极高的工匠精神，他们的工作让中国的高速列车和电网技术走在了世界前列。

这些优秀的工匠们不仅是各自领域的专家，更是推动社会进步的关键力量。他们用实际行动证明了工匠精神不仅是对技艺的执着追求，更是对创新和发展的不懈努力。通过不断地钻研和探索，他们不仅提升了产品质量和工作效率，还为中国在全球科技舞台上赢得了声誉。正是这种融合了匠心与创新精神的态度，使得工匠们能够持续引领行业发展，为社会带来深远的影响。因此，工匠精神不仅是个人成功的秘诀，也是国家繁荣和社会进步的重要基石。

拓展阅读

高铁工匠打造中国“金名片”

从“中国制造”到“中国创造”，飞驰在神州大地上的高速铁路列车实现了由“追赶者”到“领跑者”的伟大跨越，而在这场跨越中，技术工人是当仁不让的创新主角。铁路车辆装调工罗昭强，对工作和产品精雕细琢、精益求精，这是一种情怀，一种执着，一份坚守，一份责任，他身体力行地践行了工匠精神。

“国家科学技术进步奖”“全国五一劳动奖章”“中华技能大奖”“高铁工匠”“全国

高速铁路上行驶的列车

技术能手”……对于中车长春轨道客车股份有限公司铁路车辆装调工、高级技师罗昭强来说，这些荣誉只是对他不同人生阶段的短暂肯定。过去数十年，他在高铁生产一线精耕细作，不断攀越高峰，从未止步。

传承工匠精神，从高铁工人到创新先锋

“调试工作就像是赋予动车组、赋予高铁以生命。你会发现，当列车进入我们的调试车间后，灯光亮起，‘眼睛’开始眨动，雨刷启动，‘嘴巴’也开始动作。”罗昭强，这位在高铁生产一线奋斗多年的高技能领军人才，对列车的调试工作倾注了无数心血，并在这一领域取得了了不起的成就。

“复兴号”——具有完全自主知识产权、达到世界先进水平的动车组列车，调试是它在厂内的最后一道生产工序，罗昭强和他的工友要保证每一列“复兴号”安全出厂。在首批“复兴号”中国标准动车组的出厂调试中，他率领团队完成了数十项调试方法的创新，实现了从“消化、吸收”到“再创新”的跨越。其中，他研发的高铁模拟装置，开创了利用模拟手段对从事高铁车辆调试工作的操作工进行培训的先河。

不仅如此，他研制的具有自主知识产权的“CRH5 型车端部模拟器”“CRH5 型车网络 INDI 与 USDR 模拟器”等动车组关键调试装备，打破了国外市场垄断，将制造成本缩减为原来的 1/10。

这些年来，罗昭强先后取得 17 项实用新型专利和 540 项创新成果。

走出国门，打造中国高铁“金名片”

从绿皮车到“子弹头”列车，从“和谐号”到“复兴号”，罗昭强见证并助力了一代又一代列车的启动与运行。他在工作中持续创新，不仅在国家技能大师工作室的平

台上带领团队完成了超过170项技术攻关，并于2014年荣获“全国工人先锋号”称号；这些技术突破还转化为显著的经济效益——通过专利成果知识产权转让，罗昭强创造了模拟实训装置接近10亿元规模的市场。他发明的“高速动车组调试技能训练装置”每年为公司节省了590万元的培训费用，同时也提升了公司产品的市场价值。此外，罗昭强还作为培训师参与国际培训项目，为中国高铁打造了一张闪耀的“金名片”。

2015年，美国波士顿地铁春田工厂总经理考察“城铁客车智能调试实训装置”时，高度赞扬了这一设备，还邀请罗昭强率领海外培训团队利用该装置培训首批33名美国车辆电气工程师。该成果作为一项竞争要素为公司顺利中标增添了重要砝码。

2018年，他最新的创新成果“美国波士顿地铁模拟实训装置”成功登陆美国，实现了工人创新成果销售到海外市场的新突破，他还率领团队开展国际化培训，助力中国高铁“走出去”战略的实施。

“授人以鱼不如授人以渔”，罗昭强对此有着深刻的理解。他毫不保留地将自己多年积累的工作经验传授给他人。他已经为公司内部、铁路系统以及地铁业主方超过2万人提供了技能培训，并培养出了6名全国技术能手、8名中央企业技术能手、10名吉林省首席技师、3名长春市技能竞赛状元以及100余名高级技师。在他的指导下，他的徒弟中已有1人成为中车集团的首席技能专家，4人成为中车集团的资深技能专家。通过这些努力，罗昭强为高铁事业的发展输送了大量优秀的专业人才。

资料来源：2018感动交通年度人物①：高铁工匠打造中国“金名片”.（2019-05-01）[2025-04-04]. https://news.cri.cn/20190501/f80010d4-fbf4-aecd-8501-c5724b175140.html.

三、领悟工匠精神的价值

工匠精神对促进国家、企业和个人的发展具有重要意义。中职生应从国家、企业、个人三个方面理解工匠精神的价值，深刻理解工匠精神的重要性，自觉成为工匠精神的传承者和践行者。

（一）强国价值

制造业是国民经济的核心，是国家立足的根本与强大的基石。自改革开放以来，我国制造业经历了持续且快速的发展，构建了一个涵盖全面、独立完整的产业体系，极大地推动了工业化和现代化的进程。然而，尽管取得了显著成就，与国际先进水平相比，我国制造业在自主创新能力、资源利用效率、产业结构层次、信息化程度以及质量效益等方面仍存在一定差距。为了实现更高层次的发展，我们需要在这些关键领域进行改进和提升，以确保制造业能够继续作为国家发展的强大动力源泉。这包括加强技术创新能力，提高资源使用效率，优化产业结构，提高信息化水平，并全面提升质量和经济效益。通过这些努力，我国制造业将能更好地应对未来的挑战并保持竞争力。

拓展阅读

制造大国加快迈向制造强国

制造业，是立国之本、强国之基。乘“数”而上、向“新”而行，中国制造转型升级步履铿锵。党和政府多次强调，“任何时候中国都不能缺少制造业”，“要坚定不移把制造业和实体经济做强做优做大”，“加快建设制造强国”。

轴承，工业的“关节”

2024 年 6 月，福建漳州六鳌海上风电场，搭载国产主轴轴承的 16 兆瓦风电机组实现批量化运营、全容量并网。

江苏苏州地铁 6 号线，搭载国产 3 米级主轴承的“中铁 872 号”盾构机立下新功。

两根轴承，从无到有、从有到优，这一过程生动体现了中国制造如何从无到有、从小到大，再到由大变强的坚实历程。

如今，中国拥有世界上最完整的产业体系，制造业总体规模已连续 14 年稳居全球首位，超过 220 种产品的产量位居世界第一。中国制造所展现的坚实基础、创新能力以及蓬勃活力，为中国式现代化进程提供了强有力的支持。

从完备产业体系看中国制造坚实底气

“制造业是国家经济命脉所系”“我国是个大国，必须发展实体经济，不断推进工业现代化、提高制造业水平”。

洛轴集团是 16 兆瓦风电机组主轴轴承的制造商，集团董事长坦言：“十多年前，高端轴承对我们来说还是遥不可及的目标，但即便如此，我们也要迎难而上，攻克这一技术难关。”

为了实现这一目标，洛轴采取“内外兼修”的策略：一方面，强化内部技术能力，组建了包括国家重点实验室在内的多个创新平台；另一方面，积极寻求外部合作，与清华大学等知名高校和研究机构紧密携手。从新能源汽车轴承到风电主轴轴承，再到轨道交通轴承，洛轴不断推出新产品，并成功应用于“嫦娥”“天宫”以及“中国天眼”等一系列重大装备项目中。

洛轴把“一类产品”做到极致，铁建重工专攻盾构机“一种产品”。

研发主轴承，补上盾构机产业链国产化“最后一块拼图”。2019 年，铁建重工专门成立研究设计院，历经 1 000 多个日夜终于成功研制出 9 米级盾构机主轴承。

“这是全球直径最大、承载最高的盾构机主轴承，可供目前全球最大型号的盾构机使用。”铁建重工首席科学家刘飞香感慨，“过去有什么设备施什么工，现在是需要施什么工，我们就能制造出什么设备。”

两根轴承背后，是中国制造完备产业体系彰显的坚实底气。

如今，我国已连续28年居世界第一产钢大国，“手撕钢”不断刷新世界纪录；1956年，第一辆解放牌卡车驶下一汽生产线，如今，我国汽车产销量已连续15年居全球第一，新能源汽车产销量连续9年稳居世界第一。

从“造不了”到“造得出”再到“造得好”，我们用几十年走完发达国家几百年的工业化历程，制造业拥有31个大类、179个中类和609个小类，全球产业门类最齐全、产业体系最完整，产业链、供应链韧性和竞争力持续提升。

体魄强健、筋骨壮实，今天的中国制造拥有稳如磐石的根基与底气。

从产业链协同看中国制造创新动能

“制造业的核心就是创新，就是掌握关键核心技术，必须靠自力更生奋斗，靠自主创新争取。”

9米级盾构机主轴承的突破，背后是一场由原材料、工业母机、工程应用等环节共同参与的创新“接力”。

“压不碎、磨不烂”，材料首先要够硬。以主轴承内齿圈为例，8毫米厚的圈层，洛氏硬度需大于58，常规中碳轴承钢远无法达标。

怎么办？铁建重工与高校合作，历经2年多时间、30多组试验、上百万次疲劳试验，选出最佳钢材元素配比。多家钢铁企业，历经数十次技术讨论与测试，将配方变成产品。

有了材料，还要精密加工。2020年启动研发、2022年产品下线、国产化率超过90%，铁建重工与合作伙伴共同研制的国产9米高速数控铣齿机床，助力主轴承顺利下线。

16兆瓦风电主轴轴承的研发，同样离不开有关方面的“集团作战”。

“大兆瓦风机主轴轴承，没有相关参考资料。关键时刻，主机厂商金风科技送来各类型风机运行数据，解了‘燃眉之急’。”洛轴销售总公司风电部部长感慨，“同舟共济、协同创新，中国制造就有无限可能。”

大中小企业之间的融通创新，以及产学研各界的紧密合作，催生了一系列标志性的创新成果，如翱翔蓝天的大飞机、贴地飞行的高速磁浮列车、投入商用的国产大型邮轮等，这些成就不断将中国制造推向新的高度。至2023年，高技术制造业增加值占规模以上工业增加值的比例达到了15.7%，相比2012年提升了6.3个百分点。

推陈出新升级传统产业，与时俱进壮大新兴产业，聚焦前沿科技布局未来产业……我国根据各地实际情况发展新质生产力，持续塑造发展的新动能和新优势。目前，战略性新兴产业在国内生产总值中的占比约为13%，全国高新技术企业的数量已增至46.3万家。

以自强不息的精神奋力攀登，今天的中国制造，到处都是日新月异的创造。

从高端化、智能化、绿色化看中国制造的澎湃活力

我们必须“推动制造业高端化、智能化、绿色化发展。”

全面提升，布局高端，轴承产品持续“上新”：3月10日，洛轴研制的长白山40米口径射电望远镜轴承通过验收，未来该射电望远镜将为月球探测器精准“引路”。3月14日，世界首台25兆瓦风电主轴轴承在洛阳轴研科技顺利下线，刷新全球风电轴承最大单机容量纪录。

产品更高端，生产也要更智能。走进铁建重工长沙第二产业园总装厂房，一个现实车间，一个数字车间，线上线下，实时同步。

“瞧，这是一组盾构机刀盘正面数字孪生画面，深浅不一的颜色代表着刀片的受力、磨损情况。”铁建重工数字孪生研究所副所长说，实时分析这些数据，工程师可以有针对性地优化下一代产品。

“两根轴承”是一个缩影。持续推动产业优化升级，中国制造硕果累累。

向着“微笑曲线”的两端迈进，中国制造加快迈向全球产业中高端：量产的动力电池单体能量密度达到300瓦时每千克，处于国际领先水平；晶硅－钙钛矿叠层电池的效率达到34.6%，不断刷新世界纪录；新能源汽车、锂电池和光伏产品这“新三样”的年出口额突破万亿元大关……

向“数实融合”深度进军。重点工业企业数字化研发设计工具普及率达80.1%，关键工序数控化率达62.9%，工业互联网实现工业大类全覆盖……产业数字化、数字产业化步伐不断加快。

向“绿色低碳”持续发力。推进绿色低碳改造、构建绿色制造体系、培育壮大绿色产业……“十四五”前两年，规模以上工业单位增加值能耗累计下降6.8%。

瞄准“高科技”，追求“高效能”，迈向“高质量”，今天的中国制造，展露新模样，打开新空间，激荡新活力。

“我们将围绕推进新型工业化、发展新质生产力、保持制造业合理比重，把建设制造强国同发展数字经济、产业信息化等有机结合，加快建设以先进制造业为骨干的现代化产业体系。”工业和信息化部领导表示。

资料来源：李心萍，王政，丁怡婷. 制造大国加快迈向制造强国.（2024-09-11）[2025-04-04]. http://gd.people.com.cn/n2/2024/0911/c123932-40973277.html.

2016年4月，国务院批准发布的《贯彻实施质量发展纲要2016年行动计划》中指出：“以提高发展质量和效益为中心，开展质量品牌提升行动，加强供给侧结构性改革，推动建设质量强国。”这要求企业开展个性化定制、柔性化生产，培育精益求精的工匠精神，增品种、提品质、创品牌。可见，工匠精神对提升我国产品质量、增强产品的全

球竞争力有着重大的战略意义。

目前，加快建设制造强国已成为我国重要的强国战略，而打造质量强国和制造强国必须以高质量的产品作为保障。同时，制造业是我国国民经济的主体，是立国之本、兴国之器、强国之基。因此，打造具有国际竞争力的制造业已成为我国提升综合国力、保障国家安全、建设世界强国的必由之路。

实际上，代表高质量的精益求精的工匠精神，也是很多发达国家强盛起来的关键。在智能制造时代，产品品质的竞争更加激烈。产品的精度和质量成为各大品牌竞争中的核心优势，这也体现了工匠精神的独特价值。德国制造、瑞士制造等在世界范围内都是一流制造水平的代名词，它们的背后都有工匠精神作为有力支撑。为了提高我国制造业人才的竞争力，中央和各地方人民政府结合实际情况，出台了许多鼓励专业技能人才的政策，以此培育工匠精神。

（二）社会价值

弘扬工匠精神有利于推动形成良好的社会风尚。当今时代发展迅速，有的人为了追求速度和金钱而抛弃自己的信念，但还有一部分人秉承自己的信念，坚持传统的匠人思想，认真完成自己的工作，用心雕琢自己的每一份作品。《大国工匠 · 匠心筑梦》中提到的八位大国工匠都具有强烈的工匠精神，在伟大精神的支撑下，他们克服了常人难以想象的困难，在平凡的岗位上创造出了不平凡的业绩，造就了出彩的人生。

拓展阅读

徐珺：心心在一艺，光纤铸匠心

在“炎”值爆表的上海，早上八点半，升高的气温已经让人体感到不适。身着电信工作服的徐珺停好电瓶车，摘下头盔后脸上的汗珠清晰可见，他背起厚重的工具包，向用户家中走去。

随着四季的更替和岁月的流逝，尽管徐珺获得了众多荣誉，从一个活力四射的少年变成一个沉稳的大叔，但他每天依然重复着几乎相同的场景。参加工作以来的 27 年间，他的交通工具从自行车换成电瓶车，穿梭于上海的大街小巷，背着总重二三十公斤的全套设备，始终专注于一个目标——“接入”。

创新——让上海网速成为世界速度

2024 年是我国全功能接入国际互联网 30 周年，徐珺是中国互联网发展历程的见证者，更是有力推动者。

1994 年，还在学校读书的徐珺花 1.2 万元巨资组装了一台电脑，虽然当时网速只有 56 K，但给他带来了前所未有的体验。从此，徐珺与互联网结下不解之缘，更成为后来他痴迷醉心的事业。

十几年前，国内的宽带水平相对落后，这一状况备受批评。在这样的背景下，上海率先行动起来。2009 年，上海电信以前瞻性的国际视野，在国内率先启动了光纤入户工程，致力于构建城市光网。

然而，推动整个城市的光纤入户是一项极具挑战的任务。与传统的铜缆相比，光缆更加脆弱，容易损坏且修复难度大，对布线的要求极高。当时，虽然一些发达国家已经开始部署光纤网络，但由于我国建筑密度差异较大，国外的工具和技术并不完全适用于国内环境，而且成本高昂，无法支持我国大规模实施光纤到户的计划。因此，找到适合我国国情的解决方案成了关键。

只有中国的线务员才能找到真正适合自己的光网入户方法，徐珺坚信这一点，并为此刻苦钻研。通过不断地摸索，他创新打造出吹管器、牵引绳、穿引头、“控油瓶”等“四小工具”，大大提升了暗管穿线的成功率。如吹管器，成本只有几元，但结合正确的方法就能替代 50 万元的工业内窥镜，判断暗管是否通畅。

常德公寓坐落在常德路上，已有 88 年的历史。当初，在考虑安装光纤宽带时，公寓内的居民强烈反对，担心这会破坏建筑原有的结构。为了解决居民的担忧，徐珺和同事们立下“不打洞、不拉明线”的“军令状”。经过详细的勘查，徐珺决定利用大楼原有的金属暗管来实现光纤入户。然而，这些暗管的直径比普通管道小得多，且内部还布满了电话线。

在这种情况下，徐珺和他的团队使用特制的“四小工具”，成功地在不破坏墙面的前提下完成了光纤的接入工作。居民们的态度从最初的质疑转为钦佩。截至目前，徐珺已经解决了上海 400 多幢老建筑的光纤接入难题，确保这些历史建筑在不被破坏的前提下享受到了现代通信技术带来的便利。

为了推动光纤到户、光纤到房间，徐珺还做了一件事，研发和使用隐形光纤，为

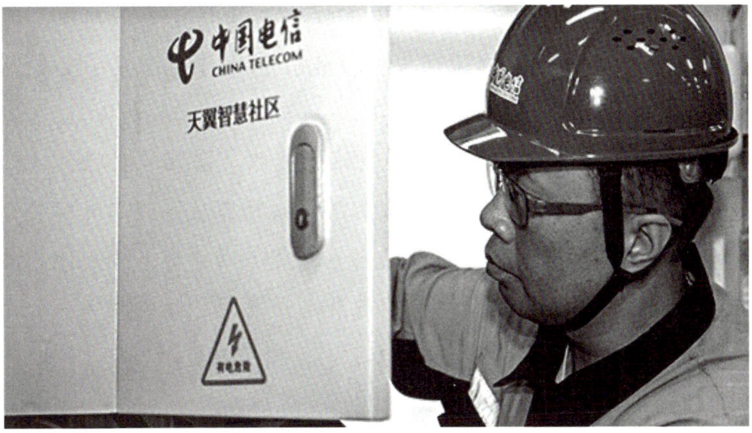

正在工作的徐珺

不具备暗管入户条件的家庭接入光纤网络。2015年，徐珺敷设了中国第一根隐形光纤。2020年1月，我国在全球范围内最先颁布实施隐形光缆行业标准，徐珺是起草人之一，他提出的多项重要内容被列入标准之中。

在徐珺等万千通信人的推动下，上海网速水平从落后走向全球领先，五年前成为“全球千兆第一城”，如今正加速迈向双万兆时代。

新的时期会有新的困难，克服困难的“法宝”仍是创新。为了推动万兆光网加速发展，徐珺携手合作伙伴开发了50G PON光功率机，改变了装维工器具水平长期落后于接入技术发展水平的尴尬境况，为万千家庭接入万兆光网提供极大助力。

引领——从填补空白到屹立潮头

创新，不仅是为了攻克具体的难关，更重要的是形成规范和标准，推动整个行业发展。

光纤宽带发展初期，针对安装施工要求及布线过程存在的难点和问题，徐珺跑遍了全市数千个小区，了解各种房型和场景，总结编写了《FTTH现场装维实用教程》，填补了国内通信装维一线施工规范的空白，解决了住宅光纤入户的世界性难题。

除了《FTTH现场装维实用教程》，前些年徐珺通过对施工工艺和方法的总结、归纳、提炼，编写了《宽带操作法》《光纤到户安装维护实用教程》《隐形光缆操作法》等，将自己摸索出的经验方法分享给同行。

不仅如此，徐珺还为全球光纤宽带的发展贡献了中国智慧。四年前，他和同事们应德国同行之邀，协助实施FTTH光纤入户工程。徐珺深入各种不同时期、不同类型的德国建筑中，现场解决了许多技术难题，赢得了国外同行的高度赞誉。

随着新一代全光组网技术的兴起，用户能够享受到更快的上网速度以及更加丰富、智能的应用体验。然而，全光组网对布线工艺及质量提出了更高的要求，施工难度也随之增加。

面对这一新趋势，徐珺再次站在了前沿。他编写了《全光组网操作法》，该操作法已被收录于中华全国总工会组织编撰的“百工匠百操作法”系列中，并即将出版发行。这不仅展示了他在全光组网领域的专业技能，也为行业提供了宝贵的经验和技术指导。

《全光组网操作法》涵盖了全光组网安装维护流程、安装维护操作法、装维交付标准等各方面内容，着重围绕暗管穿引、明线钉固、线槽布放等施工环节展开，通过浅显易懂的图文形式展示施工步骤方法、技能技巧等内容，助力提升全光组网的施工操作水平、装维效率和质量。这在电信运营商行业内开创了先河，推动我国在全光组网施工工艺和方法方面处于全球领先地位。

扎根——27年如一日奔波在一线

专注通信接入领域27年，徐珺获得“全国劳模”“全国技术能手”“中央企业百名杰出工匠”“长三角大国工匠”“信息通信行业工匠”“上海工匠”“首届大国工匠培育对象”等荣誉和称号，但初心始终不改，他说自己的梦想在一线。

电瓶车的车轮，丈量着徐珺为民服务的情怀，在老式里弄，在新式小区，也在繁华楼宇。徐珺“钟爱”电瓶车，是因为能方便走街串巷，能及时响应用户需求。上一部电瓶车，徐珺骑行了四五万公里，现在骑行的这部性能更好的电瓶车，也已经伴随他奔波了两万多公里。

每天骑行 40 多公里，走遍了全市数千个小区，徐珺用这样的速度奔波着，为市民提供最专业的“连接”。从“光纤万兆入户”的硬件连接到“智慧家庭入户”的软件服务，他的电信服务范畴在不断深入和开拓。

一次，某片区数个小区的居民大范围遇到上网故障，家中网络无法使用，大家束手无策、苦恼不已。这一“怪事”，激起了徐珺浓厚的兴趣。他骑着电瓶车，携带测试设备前往现场进行详细勘查。居民区附近有一所学校，徐珺在周边来回走了两三万步，观察到一个现象：越接近学校的地方，网络重传率越高，导致用户无法正常上网。

基于这个发现，徐珺推测问题可能出在学校方面。经过多次沟通，校方最终承认他们的系统遭受了病毒攻击。这正是造成周边居民无法通过上网的原因——学校系统被攻击后，影响到了其内部的“AC+AP”（无线接入控制器和无线接入点）系统，进而对外部发起攻击，干扰了周边居民的网络使用。

第二天，为学校提供 IT 服务的专业人士重新设置了安全机制，成功阻止了攻击行为，周边居民的网络访问也恢复了正常。

传承——从“一花独放”到“百花齐放”

参加工作 27 年，经过不断学习与实践，徐珺完成了从一名线务员初级工到国内顶级互联网接入技能人才的蜕变。在很多人的心中，他是难以超越的传奇。

不过，徐珺始终认为“一花独放不是春，百花齐放春满园”，他非常重视装维人才的培养，注重装维技能的传承。

徐珺工作室是传承和发扬安装维护技能的重要平台。自成立以来的 13 年间，工作室取得了显著成就，培养出了 5 名中央企业技术能手、1 名上海市技能人才培育突出贡献个人、6 名中国电信集团技术能手、10 名上海电信技术能手以及共 5 名各级劳模先进。

作为工作室的领头人，徐珺不仅带领团队完成安装维护支撑和客户服务工作，还致力于为团队成员提供更广阔的舞台，让他们能够展现“装维人”的专业价值和技术能力。

在徐珺的带领下，工作室的内涵和影响力不断丰富和扩展，已发展成为上海市技师创新工作室、上海市劳模创新工作室、浦东新区技能大师工作室以及上海市技能大

徐珺带领团队工作

师工作室。此外，工作室还被评为全国示范性劳模创新工作室和国家级技能大师工作室。

因为创新、因为价值，徐珺和徐珺工作室得到越来越多的认可。徐珺已经连续 4 届、8 年承担世界技能大赛信息网络布线行业专家工作。

但徐珺不满足于此，目光也不局限于工作室。

在互联网刚开始蓬勃发展的时期，徐珺创立了国内首个专注于通信线务技术的网站——“线务员之家”，在这个平台上分享自己在实践中积累的经验以及解决复杂问题的心得。随着移动互联网时代的到来，他将“线务员之家”迁移到了主流视频平台，继续通过视频形式分享知识和技能，至今已发布了 143 个教学视频，激励并帮助了越来越多从事通信安装维护的同行进行交流和共同进步。

对于徐珺而言，“用我的五小时，换取你的五分钟”的分享不仅带来了工作的乐趣，更是他帮助更多人提升自身技能水平的具体体现。他坚信这种知识共享能够有效促进整个行业的技术进步和发展。

现在，他积极拥抱人工智能，以期为更多装维技能人员赋能。徐珺正参与打造一种大模型智能系统，装维人员在实际过程中遇到问题时，智能系统会像专家一样提供解答与指导。要实现这样的场景，语料的准确性和丰富程度至关重要，恰恰是在这方面，徐珺有着丰富的积累。

世界在变，技术在变，徐珺也在变。但他唯一不变的是对自己事业的无比热爱，用最专业的“接入”，助力智慧城市、数字中国建设，让千家万户与信息时代同频共振。

资料来源：徐珺：心心在一艺，光纤铸匠心.（2024-09-03）[2025-04-04].http://sh.people.com.cn/n2/2024/0903/c134768-40965296.html.

（三）强企价值

从一定意义上讲，一个国家竞争力的大小与国内各大企业的竞争力大小息息相关，而企业的竞争力在根本上来源于它的产品、服务或技术竞争力。工匠精神的强企价值关键在于提高企业的竞争力，很多发达国家就是通过工匠精神打造强大的企业，从而实现了强国目标。

我国有很多历史悠久的“中华老字号”，这些企业的成功秘诀也在于工匠精神的传承和发扬。例如，中药老字号同仁堂，其立店箴言为“炮制虽繁必不敢省人工，品味虽贵必不敢减物力”，表明注重人力、物力的投入。

知识拓展

强企价值体现的维度

1. 财务健康

企业拥有稳健的财务状况，如持续盈利、健康的现金流和合理的负债比例。

2. 市场领导力

在所属行业中占据领先地位，拥有较大的市场份额，并能够影响行业的发展趋势。

3. 品牌价值

品牌是企业的无形资产，强大的品牌能够为企业带来忠诚度高的客户群体，并在市场中获得溢价能力。

4. 创新与技术优势

通过不断的研发投入和技术革新，企业能够在产品或服务上形成差异化竞争优势。

5. 高效运营

优化内部流程，提高生产效率和服务质量，降低成本，从而增强企业的市场竞争力。

6. 可持续发展

关注环境保护和社会责任，确保企业的长期健康发展，同时也为社会做出贡献。

7. 人力资源

吸引并留住优秀的员工，建立一支高素质、富有创造力的团队。

8. 知识产权保护

重视专利、商标等知识产权的申请和保护，构建法律屏障，防止竞争对手模仿和侵权。

（四）育人价值

强盛国家的建设需要强大的企业做支撑，而强大企业的发展又离不开劳动者的辛勤付出。作为匠心、匠术、匠德和匠魂的综合体现，工匠精神具有宝贵的育人价值，对劳动者的道德培养、人格塑造等有深刻影响，能够鞭策劳动者为个人和社会的进步而努力，为创造更美好的生活和世界而奋斗。

具体来说，工匠精神能够引导每一名劳动者尊重劳动、崇尚劳动、热爱劳动，树立劳动光荣意识，并在掌握一定知识和技能的基础上，自觉完善道德品质，培养勤劳肯干、爱岗敬业等职业道德和积极乐观、不惧失败等良好心态，塑造乐于助人、淡泊名利的高尚人格，以此实现个人的成长、成才。

工匠精神对各行各业劳动者的影响，体现在不同方面。例如，教师会结合学生的实际情况，制定自己的工作目标，关心、爱护全体学生，用自己的一言一行引导学生成长，促进学生在品德、智力、体质等方面全面发展。

拓展阅读

“大思政课”实践教学基地落户“样式雷”祖屋——用“大国工匠”育“明日工匠”

“何谓匠心？”“追求卓越、精益求精，这是我理解的‘样式雷’的匠心。”

这一幕对话，发生在3月18日江西省“大思政课”样式雷实践教学基地揭牌现场。面对年轻学子的提问，江西省样式雷建筑文化研究会副会长雷大辉用两个关键词作答。

300多年前，雷氏祖先离开了永修县梅棠镇，开始了“一家‘样式雷’，半部古建史”的传奇历程。300多年后的今天，江西建设职业技术学院的一群年轻学子走进“样式雷”的祖屋，通过“行走的思政课”这一新颖的形式，探寻和领悟匠心的真谛。

一场跨越时空的奇妙对话就此开启。

祖屋正厅处，一栋栋微缩古建筑静静立于玻璃展柜中，榫卯相接，斗拱层叠，飞檐展翅，毫厘见真章。

“中国目前40项世界文化遗产，5项与‘样式雷’有关，数万件建筑图档和制作烫样，被联合国教科文组织列入《世界记忆名录》，他们的秘诀是什么？”围在展品旁，江西建设职业技术学院的学生们展开热烈讨论，雷大辉也加入其中，他结合“样式雷”创新使用平格样推动建筑设计规范化、标准化的案例现场授课。讨论中，工匠精神变得具体而生动。

“勤勉敬业，以技报国”“不贪不吝，诚信做人”……侧厅处，一幅幅以雷氏家训为内容的书法作品力透纸背，吸引江西建设职业技术学院的同学们驻足、沉思。

“我们仿佛穿越时空，触摸到‘样式雷’的匠心、匠术、匠德。”江西建设职业技术学院建筑工程系学生唐鑫说。再次把目光投向展陈的“明间面阔一丈二尺八寸”规制，以及“五踩斗拱”升斗构件，大家开始思考那些书本里没有讲出的“答案”。

“从‘告知是怎样的’到‘自己看到是怎样的’，这正是‘大思政课’实践教学的意义所在。”江西建设职业技术学院党委书记黎洪阳表示，一个场景或一件实物都可能引发学生的共鸣，这种体验不仅传递知识，更在精神上激励和启发学生。未来，学校将鼓励更多学生参与“样式雷”建筑的保护、修复以及基地的服务工作。

资料来源：杨静．“大思政课”实践教学基地落户“样式雷”祖屋：用“大国工匠”育“明日工匠”．(2025-03-23) [2025-04-04].http://jx.people.com.cn/n2/2025/0323/c186330-41172531.html.

学思并进

（1）在参观过程中，学生们围绕“勤勉敬业，以技报国”“不贪不吝，诚信做人”的雷氏家训展开了讨论。请分析这些家训所体现的工匠精神和社会主义核心价值观，并结合自身经历或观察，谈谈在学习和生活中如何践行这些价值观。

____

____

____

____

（2）工匠精神强调尊重劳动、崇尚劳动和热爱劳动。请结合自身经历或观察到的现象，谈谈如何在学习和生活中培养和践行这种劳动价值观。你认为这对个人成长和社会发展有何积极影响？

____

____

____

四、弘扬工匠精神

随着社会的发展和时代的进步，一些传统技艺因不适应现代社会而逐渐消失，但其承载的工匠精神却传承了下来，永不过时。学生作为新时代的先锋力量，应用行动传承工匠精神，为实现中华民族伟大复兴而奋斗。

（一）重新审视工匠的作用

一些人错误地认为工匠仅仅是技术工人，无法登大雅之堂。这种观点源于他们未能认识到工匠在人类文明发展历程中所发挥的关键作用，更忽视了工匠精神对一个民族和国家发展的重要性。实际上，工匠不仅通过精湛技艺推动了技术进步和社会发展，他们的敬业、精益、专注和创新精神也为整个社会树立了榜样，激发了更多人追求卓越。

我国古代的鲁班、欧冶子、李春、陆子冈等能工巧匠凭借自身高超的技艺和卓越的成就名垂青史，他们身上体现出来的工匠精神如今依然被人们传颂，并激励着一代代中华儿女前行。那些在平凡岗位上钻研技术、攻克难关的工匠以身作则，向青年一代展现了工匠精神的含义，为青年觉醒和奋斗提供了源源不断的精神支持。

中职生应当重新审视并正确理解工匠的角色与地位，学习他们卓越的技艺和高尚的职业道德。通过深入领会工匠精神，从中汲取力量，不断自我完善，力求成为具备高素质的社会主义建设者和可靠的接班人。这不仅有助于个人成长和发展，也为社会的进步和国家的繁荣贡献出自己的力量。我们应积极学习借鉴工匠精神的精髓，将其融入自己的学习和未来的工作中，以实际行动践行这一宝贵的精神财富。

拓展阅读

攻坚项目建设、推动“智改数转”、拓展发展新空间
——达州挺起制造业“硬脊梁”

“近两年，为了让项目建设‘跑起来’，达州实施了项目建设全过程效率革命、重大项目‘拿地即开工’改革等行动。”达州市委相关负责人介绍，达州今年启动“重大工业项目建设攻坚年”行动，由市领导牵头加强对 11 个百亿级工业项目的督导服务，加快把项目变成产值。

广东美联新能源及高分子材料产业化建设项目投资方负责人表示，达州市县两级为保证项目顺利推进，量身定制全流程服务专班，采取“一事一议、特事特办”等举措，对项目推进中遇到的困难和问题“有事必应”，坚定了公司在达州投资兴业的决心和信心，“公司将在宣汉县建立博士后工作站及白色母粒应用研究中心，努力把色母粒产业打造成为达州对外新名片。”

市级层面为 11 个百亿级工业项目提供保姆式服务，给各县（市、区）重大项目推进做了示范。

“企业什么时候能够入驻？基础设施建设还存在哪些问题？”5 月 7 日，达川区政府主要负责人前往丘陵山区现代农机装备产业园，就加快园区基础设施建设和项

目落地现场办公，逐个了解工作推动中遇到的困难和问题，推动项目建设提速提质提效。

一季度，达州市新开工工业项目 66 个，计划总投资 129.5 亿元；竣工投产工业项目 43 个，完成投资 47.1 亿元。其中，能源化工、先进材料、农产品加工等“3+3”重点产业项目开工 55 个。

为进一步形成“大抓项目、抓大项目”的良好局面，达州还决定，今年内，7 个县（市、区）和 2 个市直园区将至少进行 1 次重大工业项目建设攻坚集中展示，督促各地着力解决用地、用能、资金等难题，提升重大项目建设支撑保障水平。

为企业“焕新”铺路，达州将建设一套“智改数转”服务体系，包括持续推广工业云平台和智慧园区管理服务平台应用，搭建“智改数转”公共服务平台，提供政策查询、项目申报等政务服务；探索通过奖补的方式扶持企业打造第三方服务平台，为全市企业、园区提供数字化诊断、网络升级改造、上云上平台等专业化服务。

资料来源：袁城霖．攻坚项目建设、推动“智改数转”、拓展发展新空间：达州挺起制造业“硬脊梁”．（2024-05-17）[2025-04-04].http://sc.people.com.cn/n2/2024/0517/c345458-40846872.html.

（二）在实践中传承工匠精神

我们身边总有一些人，他们严格要求自己，对产品精雕细琢，在实践中不断传承和发扬工匠精神，不断为工匠精神注入新的内涵，使工匠精神永不褪色。例如，一生清贫、只守一架琴的巫漪丽；坚持 20 多年，潜心钻研铁轨机械的信恒均；在故宫里考证十年，进行文物修复两年，让古钟重新运转的王津，等等。他们都是工匠精神的传人，都是值得我们学习的大国工匠。

中职生应向这些大国工匠看齐，学习他们的优良工作作风，通过参加校园劳动、社会实践活动等，不断探索、创新，培养吃苦耐劳精神和奉献精神，在实践中传承工匠精神。

拓展阅读

王津：情有独“钟”

一见钟“情”，便情有独“钟”。

这里提到的“钟”，指的是故宫博物院收藏的古钟表。它们以报时精准、造型精致、音乐优美及寓意吉祥而著称。而这个对古钟表情有独“钟”长达四十多年的人，名叫王津。他是故宫博物院文保科技部的一名钟表修复师，并且是国家级非物质文化遗产古代钟表修复技艺的传承人。

自外国传教士将一大一小两面西洋钟表带入中国，红墙金瓦的紫禁城里便催生了钟表修复的技艺。清末民初，做钟处这一机构消失后，仍有少数维修人员在宫中供职，其中就有故宫钟表修复技艺第一代传人徐文磷。师从马玉良后，王津便成了第三代传人。

虽然被称作“故宫男神”，王津却一点儿也没有“网红”的架子，很守时，面对“长枪短炮”的摄影摄像设备，他还不时地“搭把手”。

王津是个话不多的人，只有说起钟表的时候，他才难得打开话匣子：“除了基本的计时功能之外，最重要的就是它的表演功能。利用机械联动原理，使上面装饰的人物、鸟兽、花卉等玩艺系统不断变化，表现各种动作。”

“比如铜镀金鸟音魔术人钟、铜镀金乡村音乐水法钟、铜镀金象拉战车钟……件件都是精品和孤品，没有任何图纸参考。”

确实，一件原本灰暗无光的古文物钟表，从库房取出后交到王津手中，其内部常常包含上千个零件组成的复杂系统，机芯结构犹如迷宫般错综复杂，精密的机械联动更是增加了修复难度。“修复钟表，特别需要耐心和细心，你必须能够静下心来。”王津解释道。

铜镀金屋顶滚球钟

目前，王津正在修复的一座钟名为铜镀金屋顶滚球钟，这是一座对钟。他提到，“我的师爷曾经修复过这对钟中的另一件。当我看到师爷修复时的照片，内心深受触动，感受到了一种传承的使命感。”这种情感不仅激励着他，也体现了古老技艺在一代代匠人间的延续。

此钟高 90 厘米，钟盘上方有四个方框，分别显示“太平有象”“八方向化”，恰好组成四字横幅。屋顶上精心设计一组滚球玩意。中心位置上是象驮宝瓶，象的鼻子、尾巴可以摆动。

“你看，这上头两边各有四个人，一个人倒球，一个人拿瓶接球，另外两个人跪地托举球滑行的轨道，构造十分精巧。”王津介绍说，机芯里有一个圆盘，上面有字和花形图案，圆盘每转动一下，外面就会显示不同字或花纹，共出现四次变换。

“其他地方都已经修复得差不多了，目前难就难在，这里面的弹簧都已经很松了，调试起来特别困难，也最考验耐心。而且这里面的齿轮一环扣一环，稍微错一点儿都不转了。”王津边说边演示，“不过肯定能修好，弹簧的问题是不难解决的。”

在人民网《大观》栏目的整个录制过程中，王津不仅详细讲述了故宫古钟表的历史，还具体介绍了修复文物钟表的传统步骤，包括拆卸和清洗钟表、修复钟表机芯的各个零部件，以及最后的组装与调试。他特别强调了“修旧如旧”（即不改变文物原状）这一修复理念，确保每一步操作都遵循文物保护的原则，以保留文物原有的历史价值和风貌。

当被问及是否想过放弃时，王津坚定地说：“没有。”当时，由于诸多原因，钟表修复室只剩下王津一个人，“我得继续做下去，我要是再走的话，（钟表修复技艺）可能就中断了。”

王津不仅是一位国家级大师，更是名副其实的大国工匠。他继承了师父传授的技艺，将故宫钟表修复的传统延续至今，实现了心手相传的承诺。如今，王津有了第四代徒弟亓昊楠，在 2018 年，亓昊楠也招收了两名新徒弟，这意味着故宫的钟表修复技艺已传承至第五代。

除此之外，王津还发表了数十篇专业文章，并撰写了《我在故宫修钟表——英国钟表》《我在故宫修钟表——瑞士钟表》和《我在故宫修钟表——广州钟表》三部著作。由于其卓越贡献，王津荣获了“全国技术能手”称号，并被赞誉为“大国工匠”。此外，他还因参与纪录片《我在故宫修文物》而获得了美国休斯敦电影节杰出贡献白金奖。

“这些古钟或许会炭化，会无法修复，但这还有一段很长的时间。我们能做的就是在这一天到来之前，一代代把这个手艺传承下去，为更好的技术诞生和更优秀的文物修复人才培养争取时间。”

因为情有独“钟”，到退休年龄的王津选择了返聘，继续着文物钟表的修复工作。“我还是我，未来肯定会有更多的人比我做得更好，希望到时候有更多更古老的钟表能够再次响起。”

一生太快，不够他把故宫里的钟修完。沉浸在精细又复杂的机械修复中，王津有一种难以言喻的超脱和淡然。

最好的工匠精神，大抵如此吧。

资料来源：唐佳，方经纶．王津：情有独“钟”．（2022-12-30）[2025-04-04].http://www.people.com.cn/n1/2022/1230/c32306-32596862.html.

要点归纳

工匠精神作为中华民族的传统美德，体现了劳动人民在建筑、手工业等多个领域的卓越成就和智慧结晶，它包含了敬业、精益、专注和创新四个核心要素。敬业精神激励人们全身心投入工作，精益精神追求产品的极致品质，专注精神强调对工作的持久耐心，而创新精神则推动着技术和工艺的不断进步。这些精神不仅为个人成长和企业发展提供了动力，更是国家制造业竞争力提升和社会风尚优化的关键所在。通过传承和发扬工匠精神，可以促进国家繁荣、社会进步及个人价值的实现，为中华民族伟大复兴奠定坚实基础。

学习探索

校园手工制作大赛

【活动描述】

学校组织一次校园手工制作大赛。通过亲手制作手工艺品，学生们不仅能锻炼动手能力，还能深刻体会精益求精和专注的重要性，理解工匠精神。比赛主题可以选择如“创意木工”或“纸艺设计”，鼓励学生利用身边的材料进行创作。这种实践活动能够激发学生的创造力，同时也能让他们理解到高质量作品背后所需付出的努力。

【活动分组】

全班学生每 4 ~ 6 人为一组，各组选出组长并进行分工，将小组成员及分工情况填入下表。

小组成员及分工情况

班级：　　　　　　组号：　　　　　　指导教师：

小组成员	姓名	学号	任务分工
组长			
组员			

【活动准备】

（1）确定比赛的具体规则和评分标准。

（2）准备好所需的工具和材料，如木材、胶水、剪刀、彩纸等。

（3）邀请几位有经验的手工艺人作为评委。

（4）提前宣传此次活动，鼓励更多学生参与进来。

【活动实施】

各组按照分工开展校园手工制作大赛，并将具体实施情况记录在下表中。

活动实施情况记录表

时间安排	实施步骤
	1. 先由主持人介绍比赛规则和流程，随后参赛者开始他们的创作。
	2. 整个过程中，评委们会在场边观察，适时给予指导和建议。
	3. 参赛者需在规定时间内完成自己的作品，并向评委解释其设计理念和制作过程。
	4. 所有作品将被展示出来供同学们欣赏，评委们根据既定标准打分并评选出优胜者。

【评价反馈】

各组配合指导老师填写下面的考核评价表。

考核评价表

评价内容	分值	得分
参与活动的积极性、主动性	25	
团队协作能力	25	
独立思考能力、创新能力	25	
手工制作的完成程度	25	
教师点评：		

专题五

健康素养，塑造健康体魄

内容导航

在当今快速发展的社会中，健康不仅是个人幸福的源泉，更是国家繁荣和社会和谐的重要基石。《“健康中国 2030”规划纲要》强调了人民健康的战略地位，提倡全面健康素养的提升，推动个体全面发展。本专题将围绕坚持运动、合理膳食、科学睡眠及心理健康等方面展开讨论，帮助青年学子建立健康的生活方式和积极的人生观，从而以最佳状态迎接未来的挑战，为实现中华民族伟大复兴贡献力量。通过培养健康的文明理念和行为习惯，我们相信每个人都能成为推动社会进步和国家发展的中坚力量。

学习目标

知识目标

1. 了解健康与个人幸福、社会发展、国家繁荣之间的关系，认识到健康是实现人生目标的基础。
2. 掌握健康生活方式的基本知识。
3. 认识心理健康对个人成长和幸福的重要性，掌握心理健康知识的基本内容。
4. 理解情绪管理的重要性，学会识别和调节情绪，培养乐观的人生态度。

技能目标

1. 制订并坚持个人运动计划，如每周进行三次以上中等强度的运动。
2. 运用科学方法进行自我觉察和情绪管理，如深呼吸、冥想、写日记等。
3. 掌握适当的情绪表达方式，如冷静沟通、避免争吵等。

素质目标

1. 树立“健康第一”的理念，认识到健康是个人成长、社会发展和国家繁荣的重要基石。
2. 培养乐观向上的人生态度，学会在面对挫折和压力时保持坚韧和自信。
3. 通过健康生活方式和心理健康调适，实现身心的全面发展，为未来的职业发展和社会适应奠定基础。
4. 认识到健康不仅是个人的事情，也是对家庭、社会和国家的责任，增强社会责任感。

探索新知

北京市居民健康素养全国居首

北京市卫健委公布，北京市 2024 年居民健康素养监测结果为 44.6%，位居全国首位，达到 12 年来最高水平。

健康素养指的是个体获取和理解基本的健康信息及服务，并能运用这些知识做出明智的选择，以维护和促进自身健康的能力。作为健康中国建设的关键指标，健康素养已被纳入健康中国行动监测考核指标体系。

自 2012 年起，北京市卫健委根据相关要求，对城乡居民健康素养水平开展了六次规律性监测。本次监测结果较 2012 年首次监测（24.7%）提高近 20 个百分点；较 2020 年（36.4%）增长 8.2 个百分点；较 2022 年（40.5%）增长 4.1 个百分点。北京市城乡居民健康素养水平持续稳步提升。

此次监测覆盖了北京市 16 个区的 50 个街道和乡镇共 100 个村（居）委会，针对 15 岁至 69 岁的常住居民进行。监测采用了国家统一规定的监测方法、调查问卷及设备，通过入户走访的方式收集了 5 225 户家庭的信息，最终获取了 4 774 份有效问卷，有效率达到 91.4%。

监测结果显示：城乡地区居民、不同性别居民的健康素养水平均普遍增长。城市地区居民健康素养水平由上次监测（2022 年）的 43.4% 上升到 47.1%，农村地区居民健康素养水平由 28.5% 上升到 31.3%；男性健康素养水平由 38.4% 上升到 43.6%，女性健康素养水平由 42.8% 上升到 45.7%。

在健康素养的基本知识和理念、健康生活方式与行为、基本技能素养三个维度中，基本知识和理念素养水平最高且增幅最大，由上次监测的 50.0% 上升到 53.6%。

本次监测的六类健康问题的素养水平从高到低排列如下：安全与急救素养（74.0%）、科学健康观素养（66.5%）、传染病防治素养（54.2%）、慢性病防治素养（48.1%）、健康信息素养（41.2%）、基本医疗素养（31.3%）。在这些类别中，安全与急救素养的增长幅度最大，从之前的 70.4% 提升到了现在的 74.0%。

与上次监测结果相比，各年龄组健康素养水平均呈现增长趋势。其中，40 岁至 49 岁年龄组居民健康素养水平增幅最大，由 45.7% 提升到了 52.4%。

北京市卫健委表示，北京市居民健康素养水平的持续提升，得益于各部门协同推进健康中国战略，不断优化健康服务、完善健康保障、营造健康环境；各部门、多渠道、多形式广泛传播健康知识，积极倡导文明健康绿色环保生活方式；首都市民学习健康知识、养成文明卫生习惯、践行健康生活方式的主动意愿不断增长。

监测结果表明，农村地区和老年人群依然是北京市提升健康素养水平的薄弱环节。未来，北京市将重点关注这些人群的健康需求，积极推进健康乡村的建设，持续优化老年健康服务，不断提升居民的健康素养水平。

资料来源：孙乐琪. 北京市居民健康素养全国居首.（2025-01-03）[2025-04-04].http://bj.people.com.cn/n2/2025/0103/c14540-41096915.html.

思考

1. 结合北京市居民健康素养监测结果，特别是关于基本知识和理念素养水平最高且增幅最大的情况，讨论：作为中职学生，你如何有效地获取并应用健康知识？你认为哪些渠道或方法最有助于提升个人及周围人的健康素养？

2. 监测结果显示，健康生活方式与行为是健康素养的一个重要维度。请结合自身经验，谈谈你在日常生活中是如何践行健康生活方式（如合理膳食、适量运动等）的。你认为学校和社会可以采取哪些措施来鼓励青少年选择更健康的生活方式？

素养追寻

一、健康中国，与我同行

健康是促进人的全面发展的必然要求，是经济社会发展的基础条件，是民族昌盛和国家富强的重要标志，也是广大人民群众的共同追求。党的二十大报告中强调，要“推进健康中国建设”，“把保障人民健康放在优先发展的战略位置，完善人民健康促进政策”。

对于国家来说，人民群众的健康是社会生产力的根本保障。只有在确保身心健康的基础上，人们才能够充分发挥个人潜能，积极投身于各类社会活动，进而更有效地推动社会的进步与发展。健康不仅是个人幸福的前提，更是国家繁荣和社会和谐的重要基石。因此，保障和提升民众的健康水平，是促进全社会持续发展和进步的关键所在。

拥有健康就拥有希望，就拥有未来；失去健康，就失去了一切。我们对生命意义的追寻，对学业、事业、财富、爱情等的希冀都需要建立在身心健康的基础之上。

健康既关系到每一个家庭的幸福，也关乎国家和民族的未来。青年作为祖国的未来和民族的希望，他们的身心健康、强健体魄和坚强意志不仅体现了民族的旺盛生命力，也是国家综合实力的重要标志。一个充满活力的青年群体能够展现出民族的进步与国家的强大。

因此，我们必须注重培养并坚持健康的生活习惯和行为方式，在日常生活中逐渐形成健康的文明理念，练就强壮的身体素质。通过这种方式，青年们将以积极向上、文明自信的态度站在世界的舞台上，成为推动社会进步和国家发展的中坚力量。这不仅是个人成长和发展的需要，更是民族复兴和国家强大的重要保障。让我们共同努力，使每一位青年都能以最佳状态迎接未来的挑战，为中华民族伟大复兴贡献力量。

知识拓展

衡量健康的标准

世界卫生组织提出，健康是身体上、精神上和社会适应上的完好状态，而不仅仅是没有疾病和虚弱，并由此提出了衡量人体健康的10条标准：

（1）精力充沛，能够从容不迫地应对日常生活和工作。

（2）处世乐观，态度积极，乐于承担责任，不挑剔。

（3）善于休息，睡眠良好。

（4）应变能力强，能够适应外界环境中的各种变化。

（5）能够抵御一般性感冒和传染病。

（6）体重适当，身材匀称，站立时头、肩位置协调。

（7）眼睛明亮，反应敏捷，眼睑不发炎。

（8）牙齿清洁，无龋齿，不疼痛；齿龈颜色正常，无出血现象。

（9）头发有光泽，无头屑。

（10）骨骼健康，肌肉丰满，皮肤有弹性，走路轻松。

学思并进

你的健康状况如何？你平时会关注自己的健康状况吗？和周围的同学组成3～5人的小组，一起拼贴自己的“健康状况图”吧。

（1）把一张纸分成10个区域，分别写上衡量健康的10条标准。

（2）看看自己有几条符合、有几条不符合，把不符合自己情况的“区域”裁掉。

（3）和大家分享自己的“健康状况图”，并讨论如何改善自己的健康状况。

（4）将改善健康状况计划写在“健康状况图”的背面。

（5）结合自己的“健康状况图”，谈一谈你对健康的认识和看法。

____

____

____

____

____

____

二、拥抱健康，乐享生活

健康是人的全面发展的基础，是人生幸福的源泉。中职生要做好自己健康的第一责任人，主动关注自己的健康状况，自觉养成健康的生活方式，为将来的美好生活打下良好的身体基础。

（一）坚持运动

身体健康是实现一切目标的基础，一个人若希望享受高质量的生活并在学业和事业上取得成功，就必须培养良好的运动习惯。通过体育锻炼，不仅能享受到运动的乐趣，还能增强体质、完善人格、磨炼意志。正所谓“文明其精神，野蛮其体魄”，这意味着在提升精神境界的同时，也要强化身体素质。只有这样，才能确保在追求个人成就的道路上拥有足够的体力和精神支持，从而达到身心的全面发展。坚持运动不仅有助于保持健康，更能为实现人生目标奠定坚实的基础。

1. 要有锻炼的自觉性

体育锻炼的关键在于自觉性。只有充分发挥个人的主观能动性，积极主动地参与体育活动，才能真正体会到运动的乐趣，认识到体育的价值，并逐渐养成运动的习惯。通过持续参与和实践，最终能够形成扎实的体育能力，实现健身强国的目标。自觉的体育锻炼不仅有助于提升个人健康水平，还能增强体质，培养坚韧不拔的精神，为社会和国家的发展贡献力量。因此，主动投身于体育活动，是每个人追求健康生活的重要一步。

户外跑步锻炼

2. 要持之以恒

锻炼身体的关键在于持之以恒。如果长期缺乏锻炼，不仅容易导致精神状态不佳、感到疲惫和困倦，还会使整个人显得缺乏活力与朝气。对于中职生来说，培养自律性，养成定期运动的习惯尤为重要。通过坚持不懈的体育锻炼，可以让自己在面对生活和学习中的每一个挑战时，都处于最佳状态。自律的运动习惯不仅能提升身体健康水平，还能增强精力和专注力，帮助中职生更好地应对学业压力，迎接未来的各种机遇与挑战。

《健康中国行动》倡议，每周进行三次以上、每次 30 分钟以上的中等强度运动（如健步走、慢跑、骑自行车等），或者累计 150 分钟中等强度或 75 分钟高强度身体活动（如跑步、爬楼梯等）。日常生活中要尽量多动，达到每天 6 000 ~ 10 000 步的身体活动量。

知识拓展

四个帮你坚持锻炼的方法

我们都知道锻炼身体的好处，但又常常觉得难以坚持。以下是四个人们常用来拖延锻炼的借口，以及将它们一一击破的办法。

第一个借口："我太忙了，没时间锻炼身体。"

实际上，时间是充足的，重点在于我们如何规划它。一周共有 168 小时，如果用 56 小时来休息，50 小时专注于学习，那么你还剩下 62 小时。重要的是要不断激励自己，学会以有意义的方式利用这些时间。

第二个借口："在家休息真的很舒服，要不我下周再开始锻炼吧。"

当我们面对诱惑时，"现在的自我"与"未来的自我"之间会发生冲突。"未来的自我"清楚地知道锻炼身体是非常重要的，但"现在的自我"往往更具影响力和决定权。那么，如何才能克服"现在的自我"的这种主导性呢？

你可以尝试设想，假如现在不进行锻炼，未来的你会是怎样的情景（比如躺在病床上与疾病抗争，或是为高额的医疗费用而担忧等）。接着，再想象一下如果保持良好的健康状态，未来的生活可能会是什么样子（例如充满活力，在职场上取得成功，或是愉快地享受退休生活等）。

第三个借口："我要看电影或者综艺节目，还是不要去锻炼了。"

其实，你可以两件事一起做，即给自己制定一条规则，只有在锻炼时才能看最喜欢的电影和综艺节目，把诱惑和好习惯捆绑在一起。

第四个借口："我一想到锻炼，就会想到自己气喘吁吁、脸红痛苦的情景，太可怕了。"

你可以在准备锻炼前，先闭上眼睛，尽可能生动地想象即将进行的活动。比如你要去跑步，可以想象沿途会经过哪些地标，遇见什么样的风景，以及今天跑步的终点在哪里。接着，深吸一口气，睁开眼睛，然后开始你的跑步之旅。

学思并进

（1）你多久运动一次？

____

____

____

（2）有人说，“自律即自由”。请谈谈你对这句话的理解，并和周围的同学一起说说你打算如何养成运动的习惯。

____

____

____

3. 要充满兴趣和快乐

运动可以促使大脑释放多巴胺、血清素和内啡肽等神经递质。这些化学物质可以帮助我们改善心情、减轻焦虑、提高幸福感。除此之外，运动还可以帮助我们分散注意力，促使身体释放紧张情绪，同时增强身体对压力的耐受性。

有研究表明，一个人哪怕每周只锻炼一次或每天只锻炼十分钟，都会比从不锻炼的人更快乐。不仅如此，任何类型的锻炼可能都有用。

户外跳绳

（二）合理膳食

营养状况的好坏直接影响着人体的健康水平，营养不良或营养过剩都可能引发疾病。可以说，合理膳食是身体健康的前提。

根据《中国居民膳食指南（2022）》的建议，中职生在日常饮食中应注意以下几点。

1. 均衡膳食，合理搭配

确保饮食多样化，合理组合各类食物，以满足身体对各种营养素的需求。

2. 每日摄入蔬果和奶制品

保证每天食用足够的蔬菜、水果以及奶制品，以提供丰富的维生素、矿物质和膳食纤维。

3. 适量摄取鱼禽蛋肉

合理安排鱼、禽、蛋及肉类的摄入量，确保蛋白质和其他必需营养素的充足供应。

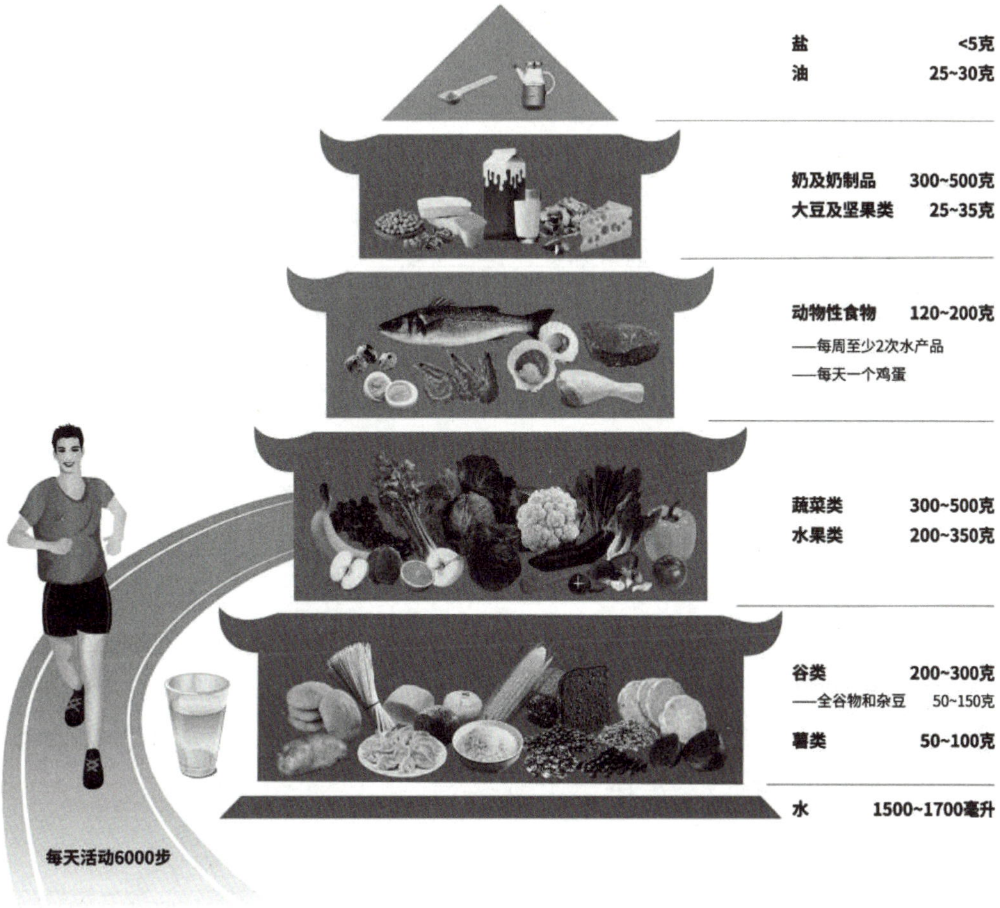

依据《中国居民膳食指南（2022）》绘制的平衡膳食宝塔

4. 控制油盐用量，限制糖分摄入并避免饮酒

减少烹饪用油和盐的使用，尽量少吃高糖食品，并杜绝饮酒行为。

5. 规律进餐，保证充足水分摄入

保持定时定量的饮食习惯，同时确保每天饮用足量的水，维持身体正常代谢。

遵循以上建议有助于建立健康的饮食习惯，促进身体健康和全面发展。

知识拓展

俗话说得好，“你吃什么，你就是什么”。这句话不仅关乎你的体型，还关乎你的整体状态。若要保持健康且充满活力，可以考虑以下的一日饮食安排：

早餐应适量，侧重于高蛋白和高纤维的食物。

10:00–11:00，可以选择吃一小把坚果或一份水果。

午餐以吃到六七分饱为宜，主要摄入大量的蔬菜以及高质量的蛋白质，比如鸡肉和鱼肉。

15:00–16:00，吃点小零食，可以选择水果或坚果。

晚餐时，则可以适当增加碳水化合物的比例，如食用谷物和杂粮等。

这样的饮食安排有助于维持一天的能量与健康。

学思并进

“熬夜蹦迪时喝枸杞水，通宵加班敷最贵面膜，火锅配凉茶，啤酒泡人参，健身卡沦为洗澡卡，用计步软件自我安慰，购买褪黑素助眠却继续刷手机。”这种时下流行的一边损害健康一边养生保健的生活方式，被当代年轻人称为“朋克养生”。

（1）你如何看待时下流行的所谓的“朋克养生”？你认为这种养生方式对健康有利吗？

____

____

____

（2）与身边的同学分享你的饮食习惯，同时列出可能对健康造成不利影响的习惯，并邀请大家为你提供建议和改进方案。通过集思广益，你可以获得实用的建议和支持，帮助你制订出更健康的饮食计划。

____

____

（三）科学睡眠

睡眠是人类不可或缺的生理需求，睡眠时间占据了人生大约1/3的时间。自古以来，长寿之人无不对睡眠问题给予了高度关注，甚至有“不觅仙方觅睡方”的说法，强调了良好睡眠的重要性。优质的睡眠不仅有助于恢复体力和精力，还能促进身体各个系统的健康。

从现代科学的角度来看，睡眠在维持人体正常功能方面扮演着至关重要的角色。它不仅能帮助大脑整理白天所接收的信息，增强记忆与学习能力，还能调节体内激素水平，促进新陈代谢，增强免疫系统功能。充足的睡眠还可以降低心血管疾病、糖尿病以及其他慢性疾病的发病风险。良好的睡眠质量对于情绪稳定和心理健康同样至关重要，能够有效缓解压力，减少焦虑和抑郁的发生。

无论是为了身体健康还是精神状态的提升，保证充足且高质量的睡眠都是必不可少的。通过养成规律的作息习惯，创造一个有利于睡眠的环境，如保持卧室安静、舒适和黑暗，避免睡前使用电子设备等措施，可以显著提高睡眠质量，进而对整体健康产生积极影响。

研究证明，长期睡眠不足会导致身体不适，引发各种疾病，还可能诱发精神恍惚、出现幻觉等精神问题，甚至引发死亡。

中职生正处于青春发育期，每天通常需要8～10个小时的睡眠。为了确保睡眠充足，中职生应合理安排作息时间，早睡早起，最好在23：00前入睡，不要熬夜。同时，为了改善睡眠质量，中职生可在晚饭后散步，睡前用温热的水泡脚20分钟左右，避免16：00以后喝咖啡或浓茶，避免晚饭期间吃得过饱或是晚上过度娱乐（如看恐怖片、玩电子游戏等）。

拓展阅读

重视“碎片化睡眠”带来的健康警报

夜深人静时，本应是身体休息恢复的好时机，但一些人却遭遇了“似睡非睡”的困扰——夜间频繁醒来、难以入睡、梦境连连且睡眠浅，导致白天感到昏昏沉沉、精力不足。近年来，“碎片化睡眠”逐渐成为健康的隐性威胁，值得我们高度关注。

“‘碎片化睡眠’是身体发出的健康警报。”河南省汝州市金庚康复医院相关负责人宋某说，自己接诊中发现，此类患者不在少数，且有年轻化倾向，多数伴随焦虑、头痛、心悸等症状。

他从中医的角度解释说，睡眠与人体阴阳气血的运行息息相关，夜晚应该是阳气入阴的时候，如果阴阳失衡，脏腑功能紊乱，心神得不到滋养，就会导致睡眠质量差。“比如肝气郁结化火，干扰心神，或者阴虚火旺，阴不能收敛阳气，都会造成似睡非睡的状态。”他指出，长期熬夜、过度思考和承受较大压力的人群最容易出现这种情况。

河南省人民医院麻醉治疗与睡眠门诊主任医师朱某根据临床数据指出，“碎片化睡眠”的诱因复杂多样。身体层面，睡眠呼吸暂停、慢性疼痛、激素变化（如更年期）可能导致频繁夜醒；心理层面，焦虑症患者的警觉性增高，抑郁症患者常凌晨彻底清醒；环境与习惯更是“隐形推手”——卧室噪声、高温、睡前饮酒或摄入咖啡因，都可能打断深度睡眠，成为“睡眠刺客”。

“比如，奶茶中的咖啡因半衰期达 5 小时，下午 4 点喝，晚上 9 点血液中仍残留一半。”朱某说，若每周超过 3 次半夜清醒且持续 1 个月，建议做多导睡眠监测——你可能不是失眠，而是不宁腿综合征或周期性肢体运动障碍在作祟。

专家提醒，“碎片化睡眠”的负面影响远不止是让人感到困倦。宋某提到，这种睡眠模式会导致“肝火旺、心肾不交”，表现为黑眼圈、头晕心悸，甚至可能引发焦虑和抑郁的症状。“当‘碎片化睡眠’持续 24 小时后，人的反应速度会降低 30%。”朱某引用研究数据指出，在这种情况下，情绪调节能力显著下降，脑部杏仁体的活动增强 60%，使得易怒或情绪波动变得更加常见。长期经历这种碎片化的睡眠对健康的损害几乎等同于熬夜，可能会导致不可逆转的健康问题。

如何破解“睡不好”的困局？对于轻度睡眠困难者，宋某建议不妨通过运动与情志调节来助眠。“治本还需调脏腑。”他推荐两则简易方：鲜合欢皮煮水代茶饮，可疏肝解郁；按压内关、三间、神门三穴位，每日 3 次，每穴 20 下，能宁心安神。针对长期患者，他提醒要在中医师指导下辨证施治，通过中药、针灸、导引术等综合调理，重建阴阳平衡。

“重度患者可以求助于医院的睡眠门诊，轻度患者也可以‘科学自救’。”朱某给出了一个日常指南：黄金公式 = 环境改造 × 行为训练。具体如下：

卧室升级：遮光窗帘（透光率 <5%）隔绝光线，白噪声机掩盖突发声响；保持室温 20℃，裸睡帮助降低核心体温。

睡前仪式：40℃温水泡脚 15 分钟，加速血液循环；阅读纸质书，比读电子书多分泌褪黑素；正念呼吸 5 分钟，焦虑值可降低 40%。

醒后对策：夜间醒后切勿看时间，闭眼缓慢深呼吸，抓住“黄金 15 秒”；若 20 分钟未入睡，可起床通过叠袜子等枯燥活动转移焦虑。

在网上，有许多诸如“睡前吃苹果有助于睡眠”或“喝热牛奶有效”的小建议。朱某解释说，实际上，苹果中的维生素 B6 含量（每 100 克中含有 0.1 毫克）不到每日推荐摄入量的 5%，相比之下，吃一根香蕉（每 100 克中含有 0.4 毫克维生素 B6）会是更好的选择。虽然牛奶中的色氨酸对促进睡眠有帮助，但它需要与碳水化合物结合才能更好地进入大脑，在喝牛奶时配上一片饼干会更加有效。

“一些患者询问褪黑素是否有用。在倒时差时提前 2 小时服用 3mg，可缩短入睡时间 40%。但长期服用要警惕隐藏风险：连续服用 3 个月，自身褪黑素分泌量可能减少 30%，会陷入越吃越无效的怪圈。”朱某说。

资料来源：张文豪. 重视“碎片化睡眠”带来的健康警报.（2025-03-21）[2025-04-04].http://gs.people.com.cn/n2/2025/0321/c183356-41170934.html.

学思并进

现在，人们越来越关注自身的健康状况，“量化式生活”开始在中青年等群体中流行。他们用卡路里来量化一日三餐，利用睡眠报告来把握休息质量，借助智能穿戴设备监测压力指数，认为这样能够更好地调整生活节奏。

你如何看待这种趋势？你认为“量化式生活”有助于改善健康状况吗？为什么？

____

____

____

三、护航心理，拥抱幸福

美国思想家爱默生曾说：“一个人对世界最大的贡献，就是让自己幸福起来。”作为健康的重要组成部分，心理健康是获得人生成就和幸福的重要基石。

中职生的心理发展尚未完全成熟，在面对社会的高度压力、学校的严格要求以及父母的高期望时，常常会遇到各种心理困惑或问题。如果这些心理困惑或问题得不到及时解决，并且未能积极进行心理调适，可能会对他们的心理健康构成严重威胁，进而影响到日常生活和学业表现。因此，中职生应当高度重视自身的心理健康，学习并掌握保持健康心理状态的方法，提升心理健康素养。通过这种方式，他们不仅能更好地应对成长过程中的挑战，还能确保在学习和生活中保持最佳状态。

（一）健康知识让心胸更豁达

知识是一座取之不尽、用之不竭的宝库，是无尽的财富源泉。学习心理健康知识，有助于个体从科学的角度理解各种心理现象，增强对自身情绪和需求的觉察能力与认知水平。掌握这些知识，可以使中职生更好地理解自己的内心世界，并运用科学的方法进行心理调适，提高心理适应能力，从而预防心理问题的发生。

中职生应当积极学习心理健康知识，这有利于帮助中职生更好地应对生活中的各种挑战，还能促进心理健康的发展。通过了解和应用这些知识，中职生可以学会如何有效地管理压力、调节情绪，保持良好的心理状态，为个人成长和未来发展奠定坚实的基础。

具体而言，中职生可以通过学习心理学课程、阅读心理学书籍和文章、参加心理健康专题讲座或培训班、进行专业的心理测试等方式学习心理健康知识。

（二）悦纳自我让成长更快乐

所谓悦纳自我，简单来说就是能够正确评价自己、接受自己并喜欢自己。

《老子》有云："知人者智，自知者明。"每个人都不可能是完美的，都有各自的长处和短处。中职生要学会正确评价自己，既要发自内心地认同并欣赏自己的长处，也要坦然承认并勇敢接受自己的短处。

同时，每个人都是独一无二的个体，拥有自己独特的价值和意义。对于中职生来说，学会从内心深处肯定自己的存在本身就是一种宝贵的财富，至关重要。这意味着要培养自我认同感，认识到自身的独特性和潜力，无论面对何种挑战或外界评价，都能无条件地爱自己。

自我认同不仅仅是接受自己的优点，还包括接纳自己的不足与不完美之处。通过积极的自我对话和内在肯定，中职生可以建立起强大的自信心和自尊心，这有助于我们在复杂多变的社会环境中保持稳定的心理状态。当一个人能够无条件地爱自己时，他便能够在内心深处找到平静与满足，不再依赖外界的认可来定义自己的价值。

这种内在的充盈不仅能够带来心灵上的自由，还能使中职生在面对生活中的种种压力和挑战时，展现出更强的韧性和适应能力。内心的充实感能让我们更加自信地追求个人目标，并以开放的心态迎接新机遇。最终，这种由内而外的力量将成为我们不断成长和进步的动力源泉，帮助我们在未来的道路上走得更加稳健、从容。

美国心理学家卡尔·罗杰斯曾说："我们生命的过程，就是做自己、成为自己的过程。"一个人只有正确地认识自我，欣然地接受自我，才能有信心去面对现实的自我，从而使自己朝着更好的方向努力和前进。

拓展阅读

山高路远

汪国真

呼喊是爆发的沉默

沉默是无声的召唤
不论激越
还是宁静
我祈求
只要不是平淡
如果远方呼喊我
我就走向远方
如果大山召唤我
我就走向大山
双脚磨破
干脆再让夕阳涂抹小路
双手划烂
索性就让荆棘变成杜鹃
没有比脚更长的路
没有比人更高的山

学思并进

《山高路远》是一首激励人心、积极向上的诗歌，抒发了一种进取、执着、乐观、自信的情感，表现了青年搏击、奋进、昂扬、向上的精神风貌。

（1）读完这首诗，你有什么感想？

____

____

____

（2）请谈谈你对“如果远方呼喊我，我就走向远方；如果大山召唤我，我就走向大山”的看法。

____

____

____

（三）情绪管理让生活有阳光

在日常生活中，我们会经历各种各样的情绪体验，包括快乐、喜悦、悲伤、忧愁、愤怒等。这些情绪如同一幅幅色彩斑斓的画卷，构成了我们多姿多彩的情感世界。每一次情绪的波动都是对生活的一种深刻体验，无论是欢笑中的喜悦，还是泪水背后的忧伤，都在诉说着人生的复杂与多元。

正是通过这些丰富的情感体验，我们得以更深刻地感受到生活的全貌。快乐和喜悦让我们珍惜美好时光，感受幸福的瞬间；而悲伤和忧愁则教会我们在逆境中寻找力量，体会生命的深度。愤怒有时也能成为推动我们面对不公、寻求改变的动力。每一种情绪都有其独特的意义和价值，它们共同编织了我们丰富多彩的人生旅程。

在这个充满变化和挑战的世界里，学会认识和接纳自己的各种情绪显得尤为重要。理解并尊重这些情绪的存在，不仅有助于我们更好地了解自己，还能帮助我们在面对生活的起伏时保持内心的平衡与和谐。正是这些多姿多彩的情绪，赋予了我们生命更多的层次和意义，使我们能够在不断变化的人生旅途中找到属于自己的方向。

中职生正处于生理、心理及思想急剧变化和发展的关键时期，这一阶段的情绪体验既丰富又复杂，情绪波动也相对较大，容易受到情绪的困扰。对于中职生来说，关注自身情绪，学会成为情绪的主人，并科学地管理情绪，是享受美好生活的关键。

为了更好地管理自己的情绪，中职生首先需要学会觉察自己的情绪状态，并承认情绪的客观存在。要真实面对自己的情绪，无论是积极的还是消极的，都需要给予足够的重视和理解。当感到愤怒、悲伤或焦虑时，不要逃避或压抑这些情绪，而是尝试去理解和接纳它们的存在。通过提高对自己情绪的敏感度，可以更快地识别出情绪的变化，从而采取适当的措施来应对。

其次，中职生要学会以适当的方式表达自己的情绪。这不仅有助于释放内心的压力，还能促进与他人的有效沟通。例如，在遇到冲突或不满时，可以选择冷静地与对方交流感受，而不是通过争吵或冷战来解决问题。合理的表达方式不仅能避免矛盾升级，还能增进彼此的理解和信任。

最后，中职生还需要掌握一些合理调节情绪的方法。比如，可以通过深呼吸、冥想或短暂的休息来快速平复情绪；也可以通过运动、听音乐或写日记等方式来缓解长期积累的压力。培养兴趣爱好、参与社交活动也是很好的情绪调节手段，它们能帮助中职生转移注意力，找到情感上的支持和共鸣。

总之，中职生应认识到情绪管理的重要性，并积极学习如何成为情绪的主人。通过

多种情绪

觉察、承认、适当表达和合理调节情绪，我们可以在面对生活中的各种挑战时保持内心的平衡与和谐，享受更加充实和美好的生活。这种情绪管理能力不仅是个人成长的重要组成部分，也为未来的职业发展和社会适应打下了坚实的基础。

知识拓展

情绪 ABC 理论

情绪 ABC 理论是由美国心理学家埃利斯（Albert Ellis）最早提出的。在情绪 ABC 理论中，A 表示事件，B 表示个体对 A 的信念（即看法、认知和解释），C 表示个体遇到 A 后，所产生的情绪和行为结果。

该理论指出，结果（C）的产生并非由事件本身（A）直接导致，而是由个体对事件所持的信念（即 B）决定的。换句话说，对于同一件事情（A），不同的人会因持有不同的信念（如 B_1 和 B_2），从而产生不同的情绪和行为结果（如 C_1 和 C_2），具体如下图所示。例如，在同一场考试后，甲和乙的成绩都不理想，但两人的反应截然不同：甲感到极度悲伤，陷入深深的自责与痛苦之中；而乙则认为这次考试失利并不重要，只需总结经验教训，未来继续努力即可，因此并不是太难过。

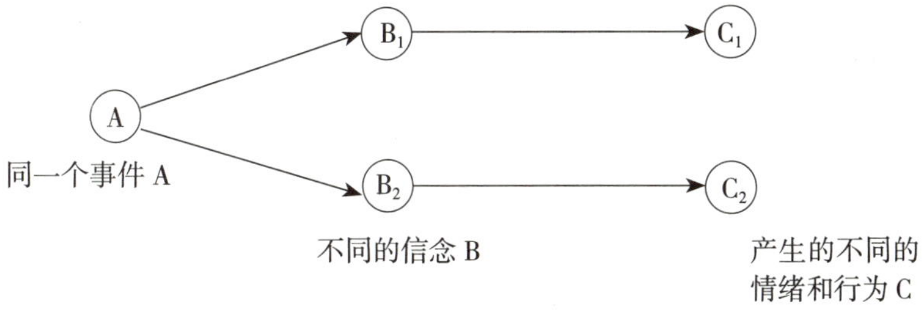

情绪 ABC 理论

埃利斯认为，正是由于存在不合理的信念，才让个体经常受消极情绪的困扰。经过研究，他总结出不合理信念的三个特征：

（1）绝对化，即以自己的意愿为出发点，对一切事情都持有必定发生或必定不发生的信念。例如，在参加比赛时，认为自己只有成功和不成功两个选项，而不觉得过程也能给人带来成就感。

（2）过分概括化，即以偏概全，如一次考试失误，便认定自己总是考不好。

（3）相信糟糕至极的结果，只要发生了一件令人不悦的事情，就必然会导致最糟糕、最差的结果。例如，仅仅因为一次考试不及格，就断定自己的整个人生都失去了希望。

埃利斯提出，如果个体能够用合理的信念代替不合理的信念，很多消极的情绪也会被积极的情绪所取代。

学思并进

（1）在日常生活中，我们难免会受到消极情绪的困扰。请谈谈你近期产生的消极情绪，思考在这些消极情绪背后你持有哪些不合理信念，并写在下面的横线上。

____

____

____

____

（2）请与同学们分享你是怎样调适自己的消极情绪的。

____

____

____

____

____

____

（四）乐观心态让人生更美好

乐观是一种积极向上的人生态度，它赋予人们在面对逆境时不抛弃、不放弃的坚定信念和旺盛斗志。拥有乐观心态的人能够在困境中看到希望的曙光，相信自己有能力克服困难，迎接挑战。这种态度不仅能帮助他们在艰难时刻保持坚韧不拔的精神，还能激发他们内在的动力，促使他们不断向前迈进。

乐观的心态让人能够在纷繁复杂、充满挑战的现实世界中依然保持快乐的活力和豁达的心境。无论遭遇怎样的挫折或压力，乐观的人都能以开放和包容的态度去面对问题，寻找解决问题的方法，而不是被困境所压倒。他们懂得如何从失败中汲取教训，在成功时也不骄傲自满，始终保持内心的平静与满足。

此外，乐观还能够增强人们的心理韧性，使人们在面对生活中的不确定性和变化时更加从容不迫。乐观者往往更容易建立起积极的社会关系，因为他们散发出的正能量吸引着他人，形成一个支持性的社交网络。这种正面的互动进一步促进了他们的心理健康和个人成长。

培养乐观的态度对于每个人来说都是至关重要的。它不仅能提升个人的生活质量，还能为周围的人带来积极的影响。乐观的人就像一束光，照亮自己前行的道路，同时也温暖了身边的世界。通过保持乐观的心态，人们可以在任何环境中找到生活的美好，并以更加饱满的热情去追求自己的梦想和目标。这种积极向上的力量是无价的财富，能够伴随一个人走过人生的每一个阶段，成就更加充实和有意义的人生旅程。

人生就像一次遥远的探险旅行，道路漫长而曲折。我们每个人都希望生活中少一些挫折和失败，多一些顺利和成功。但在漫长的一生中，没有谁能一直一帆风顺，每个人都不可避免地会遇到挫折或失败。中职生要始终保持积极乐观的心态，即使处在人生的低谷也不能轻言放弃，坚信只要坚定不移、奋起拼搏，逆境和痛苦终会过去。

拓展阅读

23 岁青年心跳骤停后成功获救，专家建议：保持乐观、充足睡眠和适量运动

近日，厦门大学附属第一医院收到患者家属送来的“医德高尚医术精，仁心仁德好医生”锦旗。

2024 年 12 月 17 日晚上 8 点，23 岁的阿峰在学校宿舍里突然昏迷倒地，任凭舍友怎么叫喊都没有反应。舍友第一时间拨打 120 急救电话，同时立刻用宿舍的 AED（自动体外除颤仪）对阿峰进行心肺复苏（CPR）。在 AED 的帮助下，阿峰原本乱跳的心脏恢复了一定的节奏，胸廓也随之有了起伏，心律得以短暂恢复。随后，120 急救人员抵达现场，迅速接替施救，并将其送往厦门大学附属第一医院进一步抢救。

“心脏骤停后，每延迟急救 1 分钟，抢救成功率就会下降 7% ~ 10%，而心脏停搏超过 10 分钟后，抢救成功率几乎为零。”厦门大学附属第一医院急诊部医生刘雄表示，“但如果在 4 分钟内进行心肺复苏，大约有 50% 的抢救成功率，因此被称为‘黄金 4 分钟’。由于心脏骤停时最常见的心律失常是心室颤动，如果在心脏骤停 1 分钟内，使用 AED 配合进行电击除颤，成功率高达 90%。”

“送到医院时，他虽然恢复了心跳，但是非常烦躁且呼吸窘迫。”急诊部接诊医生许咨辉回忆。

急诊室的医护团队迅速对患者阿峰实施了一系列急救措施，包括心电监护、镇静止痛、吸氧、气管插管、使用呼吸机辅助通气，以及采用目标体温管理等脑保护措施。之后，阿峰被转入急诊重症监护室（EICU）进行进一步的综合治疗。同时，医院召集了心内科、神经内科、创伤外科和呼吸内科等多个科室的专家进行会诊，共同参与抢救工作。

在 EICU 医护团队的持续努力下，阿峰的健康状况逐渐改善。到 2024 年 12 月 31 日，医护团队成功唤醒了阿峰，并顺利拔除了他的气管插管。随后，在心理科和康复科医生的指导下，阿峰接受了心理辅导及康复训练，状态日益好转，最终能够下地行走，逐步恢复了正常生活。

2025 年 1 月 3 日，阿峰被转入厦门大学附属第一医院心内科接受进一步诊治。1 月

9日，阿峰顺利出院，回到校园。

尽管阿峰没有熬夜，也没有“三高”问题，为何年纪轻轻的他会差点猝死？厦门大学附属第一医院的医生解释称，实际上每个人都有可能发生心脏呼吸骤停的风险。特别是那些有心脏病史或其他风险因素的人群，比如高血压、糖尿病、睡眠呼吸暂停、药物使用史、电解质失衡以及感冒等，这类人群需要特别注意防范。过度劳累、长期熬夜、不良情绪（如极度紧张、兴奋或焦虑）、长时间不活动或者突然进行剧烈运动等，都可能增加猝死的风险。

“体检也是我们早期发现疾病的关键，尤其是40岁以后应该加强体检的频次，做到早发现、早诊断、早治疗。平素有身体不适时，一定不要仗着自己年轻硬扛，需要及时到医院诊治。我们还应该养成良好的工作和生活习惯，保持积极乐观的心态，按时休息，不要透支自己的身体，保证充分的睡眠和适量的运动都至关重要。”医生表示。

资料来源：厦门大学附属第一医院．23岁小伙心跳骤停后获救，厦门大学附属第一医院提醒：保持乐观心态、充足睡眠和适量运动．（2025-01-11）[2025-04-04].http://fj.people.com.cn/n2/2025/0111/c181466-41105148.html.

学思并进

医生强调保持积极乐观的心态、充足的睡眠以及适量运动对预防疾病的重要性。请分享你是如何平衡学习压力与个人生活的，并提出一些有助于保持良好心理状态的具体方法。

____

____

____

____

____

要点归纳

本专题围绕健康素养的重要性，强调了通过坚持运动、合理膳食、科学睡眠及维护心理健康来提升个人和国家的整体健康水平。具体措施包括培养自觉和持之以恒的运动习惯，遵循《中国居民膳食指南》的饮食建议，保证充足高质量的睡眠，以及学习心理健康知识、悦纳自我和有效管理情绪，倡导乐观的生活态度。这些举措不仅有助于中职生在关键成长阶段保持身心健康，也为未来的发展奠定了坚实基础。

学习探索

心理健康工作坊

【活动描述】

心理健康是一个人整体健康的重要组成部分，尤其对于正处于成长关键期的中职生而言，学会管理情绪、悦纳自我、保持乐观心态尤为重要。通过开展心理健康工作坊，可帮助学生掌握有效的心理调适技巧，提升自我认同感和抗压能力，促进身心健康发展。该活动将涵盖情绪管理、自我认知等多个方面，培养学生的心理韧性，助力其健康成长。

【活动分组】

全班学生每 4 ~ 6 人为一组，各组选出组长并进行分工，将小组成员及分工情况填入下表。

小组成员及分工情况

班级：　　　　　　　　　　　　　组号：　　　　　　　　　　指导教师：

小组成员	姓名	学号	任务分工
组长			
组员			

【活动准备】

（1）准备心理健康方面的书籍、视频资料及互动工具（如情绪卡片）。

（2）选择安静舒适的会议室作为活动场所，营造温馨和谐的氛围。

（3）聘请专业的心理咨询师担任主讲嘉宾，确保活动的专业性和权威性。

【活动实施】

各组按照分工开展心理健康工作坊活动，并将具体实施情况记录在下表中。

活动实施情况记录表

时间安排	实施步骤
	1. 对学生进行一次匿名的心理健康问卷调查，了解他们的基本状况。
	2. 准备开展多个主题的工作坊。
	3. 在每个工作坊中，采用小组讨论、角色扮演等多种互动方式，让学生在实践中学习如何识别和表达自己的情绪，并记录下来。
	4. 在整个过程中，咨询师需密切关注每位学生的表现，及时给予反馈和支持。

【评价反馈】

各组配合指导老师填写下面的考核评价表。

考核评价表

评价内容	分值	得分
参与活动的积极性、主动性	25	
团队协作能力	25	
独立思考能力、创新能力	25	
对自己的情绪的了解程度	25	
教师点评：		

专题六

职业修养，指引未来方向

内容导航

在当今快速变化和高度竞争的职场环境中，职业修养已成为指引个人职业生涯向着成功方向发展的重要指南针。具备积极主动的工作态度、勇于承担责任以及不断追求自我提升的精神，不仅是每个职场成功人士的核心特征，也是他们区别于他人、在职场中脱颖而出的关键因素。本专题将深入探讨如何通过培养主动性观念、保持良好的职业心态以及学会应对工作中的各种挑战，来增强个人的职业素养，为未来的职业发展铺平道路。

学习目标

知识目标

1. 掌握职业修养的基本内涵，包括主动性、职业心态、情绪管理、压力应对等内容。
2. 明确主动性在职业发展中的作用，理解主动与被动的区别及对职业成功的影响。
3. 熟悉职业心态的定义及影响因素，了解良好职业心态对身心健康、职业发展和自我价值实现的重要性。
4. 了解如何管理和调节负面情绪，掌握压力管理的基本方法。
5. 掌握培养坚毅品质、积极心态和职业信仰的方法。

技能目标

1. 能够主动识别工作任务，积极承担责任，提出改进建议，并在工作中展现出“打破常规”的能力。
2. 学会通过正向思考、自我暗示、拒绝负面声音等方法保持积极心态，灵活调整思维方式以应对突发问题。
3. 掌握自我激励、情绪调适、正确归因和目标调整的方法。
4. 学会冷静面对愤怒、平复焦虑、缓解倦怠，掌握具体的调节方法。
5. 养成自觉主动、踏实负责、虚心学习、积极进取的工作习惯。

素质目标

1. 树立主动、乐观、进取的职业态度，培养对职业信仰的推崇和对职业道德的践行。
2. 在面对困难和挫折时保持坚韧不拔的精神，学会忍耐与等待，具备应对复杂职场环境的心理素质。
3. 理解合作共赢的重要性，学会在竞争中保持理性，与团队成员紧密协作。
4. 敢于突破常规，勇于尝试新方法，培养独立思考和创新解决问题的能力。
5. 保持平和、宽容、感恩的心态，学会从工作中获得乐趣，实现自我价值与职业价值的统一。

探索新知

做患者背后的“守护者”

在医院这个充满生命律动的地方，有这样一群默默奉献的人，他们很少与患者直接面对面交流，也不常出现在手术台前进行惊心动魄的救治，而是一直在幕后为每一次准确的诊断提供至关重要的依据，悄悄地做着患者健康的“守护者”。

“急诊的标本量是否有异常？”3月3日早上不到7:00，吉林大学第一医院检验科主任黄晶就已经开启了一天的工作。她询问完值班工作人员后，马上到各检验区域巡视，随后到急诊查看标本量，讨论异常数据情况。

7:30，检验科的工作人员陆续到达工作岗位。在正式开始一天的工作之前，他们会对各种精密仪器进行校准和维护，仔细核对每一个参数，精心调试每一台设备，因为这些步骤直接关系到后续检验结果的准确性。尽管此时前来就诊的患者还不多，但工作人员已经进入了高度专注的状态，为即将到来的忙碌做好充分准备。

“检验科是为临床服务的最大辅助科室。2024年我们每天检验样本数2万份，检验项目数约20万个。”黄晶说，“每一管血液、每一份标本，都是隐藏的生命密码。我们必须打起精神，全力以赴解读这些密码，为临床医生提供诊断线索，指明治疗方向。”

随着门诊患者数量的增加，检验科进入了每日最繁忙的时段。在采血窗口前，排队的患者逐渐增多，护士们以既轻柔又迅速的手法进行采血工作。采集后的血液样本通过智能传输系统立即被送往各个检测区，包括生化、免疫分析和血常规等多个检测项目同时展开。检验人员坐在仪器前，全神贯注地监视着屏幕上的数据变化，一旦发现异常结果，便会仔细复查，确保所有数据的准确性与可靠性。

午后，检验结果陆续出来。此时，检验科的医生们开始对这些检验结果进行综合分析。他们不仅要准确判断各项指标是否正常，还要结合临床症状，为临床医生提供有价值的诊断建议。看似简单的一张检验报告，背后却凝聚着他们丰富的专业知识和严谨的工作态度。“平时我们与医生沟通非常密切，比如医生提出患者使用抗生素一周怎么都不见效，我们就会用实验数据告诉医生，用哪种抗生素更合理。看到患者因为我们提出的治疗建议而好转，非常有成就感。”黄晶说。

除了确保检验数据的准确性外，检验速度也同样重要，尤其是对于急危重症患者而言，提前一分钟得到检验报告都可能为他们带来更多的生存机会。为了满足临床需求，检验科特别在急诊增加了多个非急诊检查项目，确保一旦患者有需要，就能立即调配人员进行额外的检验工作。血培养的监测时间从原来的3天缩短至2天，对于急性感染或脓毒血症患者来说，提前一个小时治疗可以将死亡率降低大约7%。

一排排冰冷的机器，一个个忙碌的身影，为的就是给病人出具一张张检验报告单，这些报告单的准确和及时地发出，也许就挽救了一个个鲜活的生命……每年检验科都会配合临床新开设20～30项检验项目，检测的标本比以前不知道增加了多少倍，但检验科的医生们却始终全力以赴，任劳任怨，用实际行动默默地守护着患者。

资料来源：毕雪．做患者背后的“守护者”．(2025-03-17)[2025-04-04].https://www.sohu.com/a/871920929_121106822.

思考

该检验科的成功不仅依赖于个人的专业能力，还需要整个团队之间的紧密协作。请举例说明在其他工作环境中，良好的团队合作是如何促进工作效率和服务质量提升的。你认为有效的团队合作需要哪些关键要素？

____

____

____

素养追寻

一、树立主动性观念

具备主动观念的职业人士无须他人提醒便能明确自己应当承担的任务和职责，即他们清楚地知道“我要做的事”是什么。这种主动性不仅使他们在工作中表现得更为出色，还常常为他们赢得更多的奖励和回报。事实上，拥有主动观念是成功职业者的重要特征之一。这些专业人士不仅能敏锐地识别出需要完成的工作，还会积极主动地去执行，从而在职业生涯中取得更大的成就和认可。

（一）主动和主动性的内涵

主动指的是在没有他人命令、要求或强迫的情况下，自发地完成某项任务。在职场环境中，主动性体现为随时准备抓住机会，展现出远超预期的工作表现，并在执行任务时具备“打破常规”的能力和决断力。主动的表现包括但不限于主动思考问题、积极服从安排、勇于承担责任以及自愿付出额外的努力。

与主动性相对的是被动性，被动意味着缺乏独立思考，不做任何建议，仅仅机械地执行上级的指令，仅满足于不被批评的状态。被动的员工往往等待指示，而不是主动寻找解决问题的方法或提出改进意见。

在职场中，主动性不仅是一种态度，更是一种能力。主动的员工能够通过自己的积极性和创造性的工作为团队和组织带来更大的价值，而不仅仅是完成基本的工作任务。他们通过不断超越期望，展示出更高的工作效率和创新能力，为自己赢得更多的职业发展机会和认可。相比之下，被动的态度则可能限制个人的成长和发展，难以在竞争激烈的职场中脱颖而出。

主动性则是指人在完成某项活动的过程中，其来源于自身并驱动自己去行动的动力的强度。主动性强的职业者一般会具有下图所示的特征。

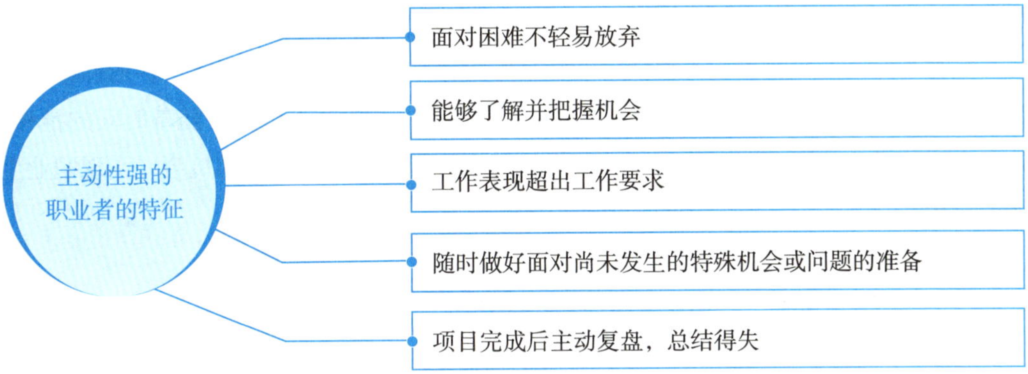

主动性强的职业者的特征

（二）积极主动工作的重要性

1. 积极主动工作符合企业对职业者的期望

具备积极主动的工作态度是大多数企业对员工的共同期望。企业的管理者们都希望其员工能够主动工作，并在工作中独立思考，因为只有这样的员工才能迅速而准确地理解上司的要求，充分发挥个人才能，将任务完成得超出预期。

主动工作的员工不仅能够在高效率和高质量地完成自身职责后，自觉地协助上司和同事处理团队或公司范围内的其他任务，还能借此机会展示其卓越的工作能力。通过这种方式，他们不仅能为团队的成功做出更大贡献，还能让更多的人认识到他们的潜力和价值，从而为自己赢得更多职业发展的机遇。

积极主动的工作态度不仅有助于提升个人表现，增强团队合作精神，还能为企业带来更高的效益。这种态度使员工能够在职场中脱颖而出，成为公司内部备受重视和提拔的对象。因此，培养并保持主动的工作态度对于任何希望在职业生涯中取得成功的人来说都是至关重要的。

积极主动工作还有利于实现个人和企业的“双赢”。现代社会，企业与职业者之间的关系发生了变化，现代市场节奏快、变化迅速、竞争激烈，导致职业者不能像从前那样事事等待上司吩咐，企业管理者也距离问题太远。如果各级别的职业者都能够发挥主动性，在工作中时刻思考改进的方法，就可以更好、更及时地满足顾客的需求，企业也能保持敏锐的反应和竞争优势。职业者也能在过程中得到锻炼和能力的提升，积累应对市场变化的宝贵经验。

2. 积极主动工作有利于职业成功

保持积极的心态，每天只需比平常多付出一点努力，比前一天多进步一点，通过持续不断的积累，就能取得超乎寻常的成果和显著的提升。那些以积极主动态度工作的员工，总是“对自己的要求适当地高于上司的要求”。无论是在对待职业和企业的总体态度上，还是在处理具体任务如接听电话、整理报表等细节工作中，他们都力求做到尽善尽美。

这种高标准的自我要求不仅使他们在日常工作中表现出色，赢得了更多的回报，还让他们在每一次细微的努力中不断提升自身的工作能力和个人价值。随着时间的推移，这些点滴的进步汇聚成巨大的成长，使得他们更容易获得职业发展的机会，实现职业生涯的成功。

二、工作中主动性的具体表现

只有积极主动的人才能在瞬息万变的竞争环境中获得成功。积极主动不仅是优秀职业者应具备的工作态度，还是职业者提升工作质量和效率的原则之一。工作中积极主动的具体表现主要有以下几种。

（一）正向思考，保持好心态

心理学研究表明，思维方式对个体心态的调整具有显著效果。采用正向的思维方式能够帮助人们保持积极的心态，而这种良好的心态有助于人们在工作中进行深层次的思考。通过这种方式，职业者可以更清晰地认识到自己的需求和目标，从而更有效地抓住每一个机会，以积极主动的态度推进工作。正向思考的方法主要有以下三种。

1. 进行自我暗示

这里的自我暗示并不是专业的心理活动，而是进行一次简单的心理模拟。职业者可以闭上双眼，想象自己一步步实现目标的情景，感受成功带来的喜悦。例如，在脑中模拟自己向上司提建议时被对方立刻采纳并大加赞赏的情景，或者在会议时提出的异议正好能够完善计划案的漏洞，同事们十分羡慕等情景。自我暗示后，职业者就会在思想和行动上做好下一步工作的准备。比起担心、害怕、恐惧等心态，使用自我暗示能让职业者用正向、积极的思维面对事物，也更容易出现正面的结果。

2. 拒绝部分负面声音

适当的批评能够帮助职业者改正错误或者提升自己。但如果周围的人总在刻意贬低、嘲讽，不断地摧毁你的信心，使你的心情持续低落，就一定要立刻勇敢地远离这个环境。即使这个过程非常艰难，为了自己的身心健康，也要坚持这个决定。职业者可以通过不断肯定、夸奖自己的努力或者试着找到支持自己的亲人、朋友，寻求重塑自信的力量。

还有一些负面的声音来自自己头脑中的批判，适度的自我批判有利于反省和提升，而过度的自我批判则会使自己对自己充满怀疑，对机会和改变畏首畏尾，不断错过能够提升自我的机会。因此，不要过度自我批判，职业者需要增强自信心，善用各种激励自己的话语，肯定自己的付出并给予自己适当的物质奖励等。

3. 随时调整思维频道

在面对问题或突发情况时，应根据事物的发展，灵活运用更加积极和正面的思维方式。例如，在处理工作中那些传统的解决方案时，不应理所当然地认为“一直以来的做法就是完全正确的”，而是应该尝试从不同角度思考，探索甚至创造更高效、更完善的解决方法。当发现新的机会时，要相信自己的能力，主动出击抓住这些机会。

这种灵活性不仅有助于打破固有思维模式，还能激发创新潜能，使个人能够在复杂多变的工作环境中迅速适应并找到最佳解决方案。这种方式不仅可以提升工作效率和质量，还能增强解决问题的能力和自信心。持续不断地以这种方式应对挑战，将为职业发展带来更多的可能性，并有助于实现更高的目标和成就。

（二）主动出击，积极尝试

在现代职场中，懂得积极主动工作的职业者往往受到企业管理者的高度青睐。他们通常拥有广泛的知识领域和多样化的技能，这为他们赢得了更多的职业发展机会。一旦确定了目标，即使是看似“不可能完成”的任务，这些职业者也会主动出击并立即采取行动，而不是等待上司的指示。

无论身处哪个行业或部门，始终保持对工作的高度责任心是至关重要的。为了公司的建设与发展，他们主动承担起需要完成的任务，并力求做到最好。这种积极主动的态度不仅体现在日常工作中，更体现在面对挑战时展现出的激情与决心。

养成自动自发的习惯，不仅能让自己在众多职业者中脱颖而出，还能帮助自己在面对激烈的竞争环境、紧张的商业节奏时以及在不断变化的职场环境中从容应对。通过这种方式，不仅可以提升个人的工作能力，还能增强个人的适应性和竞争力。

积极主动不仅是职场成功的基石，也是个人成长和发展的重要推动力。通过培养这种态度，职业者能够在职业生涯中稳步前行，取得更高的成就。

（三）勇于开拓，敢于担负责任

在工作中，职业者应当具备独立思考的能力，勇于开拓创新，并敢于主动承担责任。不应僵化地遵循经验或惯例，也不应让现有的环境限制了自己的创造力。在关键时刻，为了更高效地完成任务，应敢于突破常规，寻找新的解决方案，充分发挥个人潜力，并对自己的工作成果负责。事实上，每一名企业管理者都希望自己的员工能够运用个人的判断，为企业创造更高的效益。

（四）不畏困难，迎难而上

当任务的要求较高或者上司提出高标准时，要迎难而上，主动面对。不要理所当然地认为要求太离谱、苛刻，觉得自己能力不够，不可能完成，因此就果断放弃。解决困难，既是一次锻炼学习的机会，又是一次自我挑战和升华。上司或团队成员把超出职责范围或个人能力的事交给你，也代表了对你的重视和考验，因此要敢于接受挑战。在工作过程中如果出现失误，要快速评估当前情况，积极制订减少损失的可行性计划，并带着准备采取的解决办法找上司汇报情况。要吸取这次失利的教训，并在以后的职业生涯中避免出现同样的失误。

（五）把握限度，保持“自觉”

在工作中要注意“积极”的限度，不能过头。例如，从不拒绝他人指派，忙于做他人的事情，最终耽误了自己的工作，影响他人对自己的评价；频繁加班，这会让上司认为自己缺乏“限时任务压力”，要靠加班来完成任务，工作效率低；越级处理事务，在能力不够的情况下，这样做可能会影响团队凝聚力，破坏人际关系，等等。要在自己的工作保质保量、按时完成的前提下发挥积极性，多做一些额外工作或帮助他人完成任务等。

一位优秀的职业者，其积极性一定是发自内心的，而不是受外部激励因素的诱惑与刺激才产生的。职业者积极工作的根本是对职业信仰的推崇和信服，对职业道德的践行和承诺，对长期形成的良好习惯的维持等。中职生想要自觉主动工作，就要充分理解自己岗位的价值，树立崇高的职业信仰，遵守职业道德规范，培养积极主动的工作态度和习惯等。

知识拓展

稻盛和夫：我们为什么而工作?

人们为何而工作？许多人认为工作的目的就是赚取生活所需的资金，即通过劳动换取报酬以获得生活的食粮，这便是工作的主要价值和意义。

确实，获取生活所需的资源是工作的重要原因之一，这一点无可厚非。但是，我们是否应该反思，难道我们全力以赴地工作，仅仅是为了满足基本的生存需求吗？难道除了吃饭之外，没有其他更深层次的目标或意义了吗？

人工作的目的是提升自己的心志——这是我的观点。

提升心志是一件非常困难的事情，有的僧人经历长期严格修行，也未必能够做到。但是，在工作中却隐藏着可以达到这个目的的巨大力量。工作的意义正在于此。

日复一日勤奋地工作，可以起到锻炼我们的心志、提升韧性的重要作用。

曾在一次电视访谈节目中听到一位负责修建房屋的木匠师傅的讲话，深受触动。他提到："木材中蕴含着生命。在工作时，我们必须倾听这种生命发出的声音——尤其是在使用有着千年树龄的木材时，我们的工艺必须能够经受住千年的时光考验。"

这种动人心魄的语言，只有终身努力、埋头工作的人才说得出来。

木匠工作的意义在哪里？它的意义不仅在于使用工具修筑漂亮的房屋，不仅在于提高木工技能，更在于磨炼人的心志，塑造人的灵魂——我从这位师傅的肺腑之言中听出了这样的意蕴。

他年逾七十，仅拥有小学学历，整个职业生涯都致力于修建房屋。几十年来，他专注于这一项工作，尽管任务既艰苦又劳累，他也曾感到厌倦，甚至有时想要放弃，但他依然选择了坚持和克服重重困难，持续勤奋地工作并深入钻研技艺。这种经历不仅磨炼了他的技能，也塑造了他深沉厚重的人格，使他能够以深刻且充满感情的方式分享自己的人生经验。

像这位木工师傅一样，将自己的一生奉献给一种职业，埋头苦干，孜孜不倦，这样的人最有魅力，也最能打动我的心弦。

只有通过长时间不懈的工作，磨砺了心志，才会具备厚重的人格，在生活中沉稳而不摇摆。每次与这样的人接触，就能引起我的重新思索，思索工作这一行为的神圣性。

同时我衷心希望，生活在现代的年轻人，你们承担着对未来的责任，在工作中切不可好逸恶劳，不要逃避困难。希望你们秉持一颗纯朴的心，全身心地投入到工作中去。

有时你们或许会感到疑惑："工作到底是为了什么？"每当此时，希望你们记住下面这句话：工作能够锻炼人性、磨砺心志，工作是人生最尊贵、最重要、最有价值的行为。

学思并进

（1）稻盛和夫提到，工作不仅是为了获取生活所需，更是为了提升个人的心志。你认为自己未来的工作除了满足基本生活需求外，还能带来哪些更深层次的价值或意义？

____

____

____

____

（2）现代年轻人在职业生涯中可能会遇到各种挑战和困难。请结合稻盛和夫的观点回答：当你在未来工作中遇到困难时，你会采取什么样的态度去面对？你认为怎样才能做到不逃避困难，全身心地投入工作？

（3）工作可以被视为一种修炼自我、提升人性的方式。请思考并描述：在你的理想职业中，你希望通过这份工作达到怎样的个人成长目标？你打算如何利用这份工作来实现这些目标？

三、良好的职业心态

（一）职业心态

一般来说，职业心态是职业态度在心态上的具体表现。要了解影响职业心态的因素，努力排除不利因素，在工作中保持良好的职业心态。

1. 影响职业心态的因素

影响职业心态的主要因素有三种，具体如下图所示。

个人因素

兴趣、能力、抱负、价值观、自我期望等因素都会影响职业心态。职业者如果能够深刻剖析自己，正确认识自我、掌握自我的各项因素，就能做出恰当的自我定位，明白最适合自己的岗位，从而端正心态，投入到自己的工作中。

职业因素

市场的需求、职业的特点、工作环境、发展机会等因素也会影响职业心态。符合兴趣、可以实现抱负、具有发展前景的职业会使人对未来充满希望，从而激情满满地开始工作。

其他因素

家庭的社会经济地位、父母期望、同事关系、社会期望等因素可能会间接影响个体对职业的态度，并反映在个体的职业心态上。

影响职业心态的因素

2. 职业心态的重要性

（1）有利于身心健康。

在中医的理论中，如果一个人总是被负面情绪侵扰，出现情绪失调等情况，就会对其精神状态和脏腑造成影响，危害其身心健康。因此职业者要以主动、乐观、进取的良好心态去思考和行动。保持良好的心态能使个体以积极的态度面对问题，面对事物的变化、工作的压力，冷静、客观地处理各种事务，内心保持平和、淡定，身心保持健康。

（2）有利于职业发展。

职场上的成功者往往能够摆脱负面心态的影响，强化正向思维，并保持积极的职业心态。这种良好的职业心态帮助他们在处理事务时以更加积极和主动的态度进行判断与决策，从而使事态更有可能朝着有利的方向发展。

良好的职业心态还能促进人际关系的发展，使职业者能够与团队成员更加和谐地协作。通过合作，不仅可以增进同事之间的感情，还能建立并维持良好的人际关系网络。这不仅有助于提高工作效率，还能为增强团队的凝聚力和个人的职业成长奠定坚实的基础。

（3）有利于实现自我价值。

保持一种积极健康的职业心态，不仅体现了对工作的敬业、勤业与乐业的态度，更是一种深层次的职业追求。这种追求不是表面上的勤奋工作或简单地完成任务，而是在每一天的工作中寻求自我突破和成长，不断提高对自己工作标准的要求。它鼓励职业者在自己的领域内深耕细作，不断探索更加高效和创新的工作方法，从而最大限度地发挥个人职业价值。

通过这样的不懈努力，职业者不仅能为自身的发展铺平道路，还能以其专业能力和奉献精神为社会的进步和发展做出重要贡献。

（二）中职生应具备的职业心态

1. 合作共赢，理性竞争

保持合作共赢的心态就是在职场中处理好与上司、同事、客户之间的关系，主动寻求合作，并在合作中互利共生，实现共同发展。现代社会，很多工作都需要团队协作才能开展，很多项目都需要集众人之力才能取得成功。职场上要依靠团队的力量才能完美地展现出自己的才能，完成超越个人能力的任务。现代企业也更偏爱具有团队精神和合作意识的人才。因此，职业者要融入团队，摒弃个人主义，以团队利益为中心，保持真诚，懂得分享，积极合作，实现团队和团队成员效益的最大化。

职场中除了合作外还会有竞争。职业者要理性看待竞争，理解竞争是职场生活的常态，认识到竞争能够促进个人的进步和职业的发展。因此，职业者不要逃避竞争，要勇敢地面对和主动参与竞争；在竞争中客观地评价自己，发现自己的不足，借鉴他人的优势，实现自我提升；正确对待竞争失败的后果，即使失败也要有“再比一次”的勇气和信心。

2. 踏踏实实，持之以恒

踏实就是遵守循序渐进的原则，端正心态，做好眼前的工作。我们要尽心尽力、认真负责地完成工作中的每一件小事，努力增强和拓展自己的能力，做足准备，迎接机会的到来。要懂得坚持。俗话说：“世上无难事，只怕有心人。”其中的“心”就是指恒心，面对每一项任务都要保持坚持到底的热情，做事有始有终，不达目的决不罢休。还要保持良好的工作习惯，如每天进行工作总结，上班前列出当天的工作计划，用业余时间提升专业技能，等等。

3. 空杯心态，虚心向学

面对装了一半水的杯子，恃才傲物的人觉得杯子一半是满的，而谦虚的人觉得杯子一半是空的。保持空杯心态，其实就是保持认真、归零、谦虚的心态。学生作为职场新人，在专业技能、工作经验、综合判断能力等方面落后于老员工，因此需要保持谦虚的态度，勤学好问。在工作时，不能因一时的失败而一蹶不振，也不能因微小的进步而沾沾自喜，要把每一次工作都看作一次新体验，将过去归零，积极融入新环境，学习新知识。

4. 积极进取，敢于创新

积极进取就是摒弃满足于现状的心态，拒绝“躺平”。满足于现状会使人逐步丧失信心，怀疑取得的成绩与自己无关，因此把精力放在其他无关紧要的地方，错过激发潜能、发挥才能的机会。一个人如果相信自己能够超越现状，就可能创造奇迹；如果不这么想，就只能保持现状，甚至变得越来越糟。保持积极进取的心态就是要随时随地追求进步，永不满足于现状；充分调动自己的积极性，发挥自己的所有能力，紧紧抓住每一个机会，主动工作、努力工作、不断成长。

除此之外，职业者还要保持勇于超越的心态，勇往直前，敢于创新。敢于创新的人不仅能为企业带来更大的效益，还能极大提高自己的工作能力，突破制约个人发展的瓶颈，促进职业发展。创新需要改变思维定式，观察工作中的细节，发现他人没有注意到或未重视的某个领域中的空白、冷门或薄弱环节，做出改变和提升。

5. 懂得付出，全力以赴

懂得付出就是将责任根植于心，让它成为一种强烈的意识，时刻提醒自己主动付出、全力以赴；将企业利益置于个人利益之上，以老板的心态看待问题，主动发现问题、解决问题。

要做到每天多付出一点。著名投资专家约翰·坦普尔顿提出“多一盎司”定律，意思是只要比正常多付出一点点就能获得超出平常的效果。也就是说，在与别人从事同样或类似的工作时，当自己已经达到与对方相同的程度时，不要停留，而是再前进一点点；当已经完成今日的工作后，不要无所事事，可以提前做一部分明天的工作等。

6. 平和淡然，宽容感恩

职业者应保持平和、淡然的心态。第一，保持一颗平常心，渴望成功就不要急于求成，应该三思而行。尤其是初入职场的学生，不要总是认为自己怀才不遇或是大材小用，要对自己有足够清晰而准确的认识，明确自己的优缺点和定位。即使自己的能力确实高于现在的职位，也要用超然的态度面对，用实力证明自己。第二，不要嫉妒他人。嫉妒不仅会损害自己的人格，产生大量负面情绪，还会影响自己的言行举止，破坏自己与他人之间的关系。因此，职业者要消除嫉妒心理，保持豁达，主动学习他人的长处，专注于提升自己的实力。

宽容是保持良好人际关系的润滑剂。当人际交往出现矛盾或冲突时，宽容的心态能够帮助自己调节身心，缓和气氛，有利于解决矛盾或冲突。懂得宽容需要我们做到换位思考，站在对方的角度，理解对方的缘由，体谅对方的难处，原谅对方的一时冲动，并相信双方能够建立良好的人际关系。

懂得感恩就是对自己、对他人、对社会保持尊重。懂得感恩能使自己获得力量，产生对生活和对美好事物的好感和向往，更加珍惜自己拥有的事物和他人的劳动。怀有知恩图报的心态，就会时常感谢帮助过自己的人，并将这份感激传递下去，主动帮助他人。

7. 阳光自信，快乐工作

保持阳光自信的心态，就是在面对挫折或挑战时能够看到其积极的一面，看到其中最好、最有利的结果，并相信自己一定能够成功。我们要在职业生活中保持阳光、自信的心态，相信“办法总比困难多”，通过不断地尝试找到解决办法；敢于在困境中磨砺自己，保持乐观向上，朝着既定的目标不断努力。

快乐工作就是能够理解工作的价值，从心底里体会到工作的乐趣并乐在其中。事实上，每一份工作都有其特殊的价值，乐于工作的人会自发地热爱工作，珍惜自己的工作机会，努力实现工作价值，自然而然就能够做到尽心尽力、尽善尽美，从而得到更多自我锻炼和职业发展的机会。另外，快乐是会传染的，团队成员的快乐能够鼓舞整个团队的士气，促使其他成员主动分享自己的快乐、智慧和成功。快乐工作有利于提高团队凝聚力，构建高效团队。

四、培养良好的职业心态

良好的心态能帮助职业者增强自信，以饱满的精神面对自己的工作。中职生可以从以下几个方面培养良好的职业心态。

（一）管理和调节负面情绪

适度的负面情绪对于个人而言是很有必要的。例如，适度的压力能激发工作潜力；发生危险时，恐惧和害怕能帮助自己逃离当前的处境，保证自己的安全，等等。但是，负面情绪如果过于强烈、持久，不仅会损害个人的身心健康，还会影响人的判断和决策，甚至可能会使人在一时冲动下对社会造成危害。因此，必须要对过于强烈和持久的负面情绪加以管理和调节。

职场中常见的负面情绪有愤怒、焦虑、倦怠等，下面根据各种负面情绪的特点介绍调适方法。

1. 冷静面对，化解愤怒

（1）做好应对愤怒的准备。

在情绪激动时，尤其是在感到愤怒之前做好充分的应对计划和准备，是有效管理和抑制过于强烈的情绪反应的重要策略。具体措施可以细化如下。

首先，提前准备一些具有建设性的对话模板。我们的想法往往是引发愤怒情绪的关键因素之一，因此对于那些容易被激怒的人来说，积极调整自己的思维方式显得尤为重要。这可以通过模拟或预设一些正面且具建设性的对话来实现。例如，在面对他人的批评时，尝试转变思维角度，告诉自己："对方可能是出于关心和期望，才提出这些意见的。"这样的自我对话有助于缓解紧张的情绪，并以更加开放的心态去接受不同的观点。

其次，培养开阔的心胸与换位思考的能力。这意味着我们需要努力站在他人的立场上去理解问题。通过深入了解他人可能面临的困难和挑战，从而减少因误解或偏见导致的愤怒情绪。学会同情与理解不仅能帮助我们更好地处理人际关系中的矛盾，还能有效地降低愤怒的发生频率。

最后，定期总结每次发怒的原因，并进行系统性的分析。将触发愤怒的具体事件、情境以及个人当时的反应进行记录，并试图找出共同点或模式。基于这些发现，制定出一套行之有效的应对策略。当未来遇到类似情况时，便能够迅速采取行动，避免陷入愤怒的情绪中。这种方法不仅有助于个人情绪管理能力的提升，也能促进更和谐的人际交往环境的形成。通过不断地实践和调整，我们可以逐渐掌握控制自己情绪的艺术，使之成为生活中的一个有力工具。

（2）愤怒时尽量保持冷静。

要控制愤怒的强度和持续的时间，采取冷处理的方式能够更好地解决问题。具体的方法如下图所示。

2. 淡然以对，平复焦虑

（1）找出焦虑的根源。

如果发现自己有焦虑情绪，不要急着解决，而要把深层意识中引起焦虑和痛苦的事

暂时离开引人发怒的情境，恢复客观思考的能力，迅速平静下来。

面对语言攻击或故意挑衅，完全可以不给对方任何回应。有时候反击只会激发对方的挑战情绪，让事情更糟糕。不予理睬反而会让对方“熄火”，避免愤怒情绪进一步扩散。

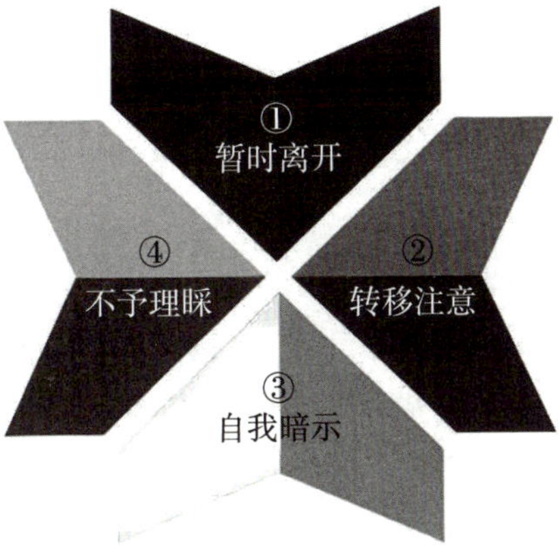

为了避免负面情绪持续爆发，可以通过转移注意力的方式给自己的情绪“降温”。例如，列出周围20个物品的颜色和形态、倒数50个数，等等。

深呼吸，使自己的呼吸均匀，然后暗示自己“放松，冷静”。放慢自己的语速，在回答对方时认真思考，一字一句地回答。

愤怒时的应对措施

情挖掘出来，冷静地寻找这件事的解决方案。

（2）保持内心的安宁。

远离焦虑最好的办法就是尽量保持心平气和。内心平静的人，不会去在意外界因素，认准目标就努力提升自己，耐心地等待时机。这样的人更加从容淡定，也更容易取得成功。成为这样的人，需要我们拥有强大的内心力量。这种力量可以从自身的强大实力、卓越的工作技能中汲取，也可以通过情绪训练获得。

（3）着眼当下。

人们都迫切希望自己的明天是幸福和光明的，但在明天到来之前，过多的焦虑是毫无意义的。很多未来的机遇是由当下的努力决定的，因此要着眼当下，全身心投入现在的工作中。

（4）控制欲望。

欲望有时会成为勇往直前的信念，但太过贪婪则会伤害自身。职业者可以通过用前人的事例警示自己、每天进行自我剖析和反思、定期提醒自己“知足常乐”等方法摆脱贪念。

（5）树立自信。

大部分人面对挫折或挑战时会产生焦虑感，过分贬低自己的能力而夸大事情的难度。因此消除焦虑的关键方法之一就是树立自信。我们要善于发现自己的优点，相信自己能够应对挑战；要重视并努力改掉自己的缺点；面对挑战时要迎难而上，不要害怕失败。

3. 放松身心，告别倦怠

（1）学会善待自己。

如果职业者长期面对紧张的工作和生活，难免感到身心俱疲，长此以往不仅不利于工作，影响自己的判断和决策，还可能对工作产生厌恶情绪。因此，职业者要学会善待自己，释放压力，不要过分逼迫自己，这样才能精神饱满地迎接工作，工作质量也会更高。

（2）发现并消除“职场倦怠感”。

一般来说，职业者有“职场倦怠感”时，会有以下几种表现：

①总是走神，同样的工作要花费比之前更多的时间。

②工作时缺乏热情，对上司交付的工作不感兴趣，也没有激情。

③总是莫名其妙地猜疑一些事情，如怀疑自己生病、怀疑上司对自己有意见等。

④经常出现头痛、胃痛、缺乏食欲、失眠等症状。

⑤情绪敏感、不稳定，容易出现负面情绪。

职业者出现“职场倦怠感”时，可以从以下几个方面进行消除：

①科学规划职业生涯，为自己制定通向职业目标的短期、中期和长期目标。

②端正自己的心态，树立不甘落后、积极向上的心态，认识到自己肩负的责任，并努力发挥职业价值。

③与同事、上司搞好关系，共同营造良好的工作氛围。

④定期对自己进行反思和检讨，找到工作的成就感。

⑤在长时间工作后，即使身体并未感到不适，也要好好休息，缓解内心的疲劳。

（二）学会应对挫折

职场生活通常不是一帆风顺的，职业者难免会在过程中遇到问题、面对挑战、遭受挫折，甚至不得不接受失败。中职生要学会用积极、乐观的心态应对挫折，具体方法有以下几种。

1. 自我激励

面对挫折时不要太过紧张，要保持乐观、自信，理解每一次应对挫折的过程都是一次宝贵的经验。学会平衡自我，调节自己的情绪。遭遇挫折时，要经常对自己说：“我是一名坚强的战士，挫折只会增加我的勇气，我一定能行！”中职生要通过正向思维的引导，促使自己以乐观、自信的态度面对挫折，接受挫折的考验。

2. 调适情绪

面对挫折时，大部分人都会产生沮丧、失望、气愤等负面情绪。如果沉溺在这些负面情绪中，就会严重影响后续的工作效率，因此需要采取一定的方法消除负面情绪的影响。例如，可以通过深呼吸平复情绪；可以采用精神放松练习法，将注意力集中到一朵花或其他美好的事物上，观察它的细微之处，这样负面情绪就会慢慢消失。

3. 正确归因

当遭遇挫折时，不要过分沮丧，要明白失败乃成功之母，要从客观、主观、目标、环境、条件等方面找出受挫的原因，然后有针对性地改正或提高。需要注意的是，对挫折进行归因时，不要习惯于将原因归为一类。例如，总是将失败归因于客观因素，这会使自己形成凡事找借口的不良习气；或总是将失败归因于自己，这又会使自己过度自责或产生过多的负疚感。要多角度、多层次地分析问题，理性、正确地归因并努力寻找积极有效的补救措施。

4. 调整目标

如果挫折的根源是设置的目标远远超出自己的能力，那么可以适当地调整目标，降低目标难度和高度，或者将目标分解，循序渐进地接近原来的目标。在重新调整目标后要立刻付诸行动。

（三）进行压力管理

在竞争越发激烈的现代社会中，知识、技术、设备、人才等各种要素都在不断更新迭代，人们在学习、工作和生活各方面都存在着巨大的压力。保持良好的心态能够有效减轻甚至消除压力，而保持良好心态的主要方法就是学会压力管理。下面介绍两种常见的压力管理手段。

1. 消除压力源

压力源就是压力产生的原因，可以采取“4D”模式消除压力源。“4D”即发现（Detect）、区分（Divide）、决定（Decide）和行动（Do），具体如下图所示。

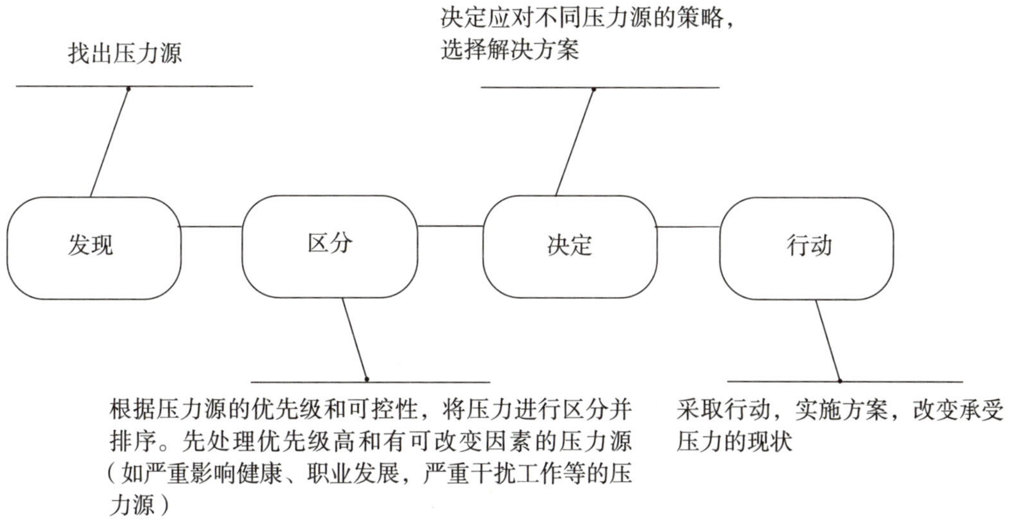

消除压力的“4D”模式

2. 改变思维模式

三级专栏法是改变思维模式的有效方法。在具体实施时，可以准备一张表。先审视自己的思维模式，然后把自己认为错误的观念写在表格第一列；接着从客观角度判断第一列中的思维模式，在第二列写下其属于哪种不良思维模式；最后纠正自己的错误思想或消极认知，找到正常思维模式下的理性反应，将它写在表格第三列。这种方法能帮助自己更好地理清逻辑，予以正向反馈和强化。例如，李明在一次工作中出现失误，他运用三级专栏法改变思维模式的过程如下图所示。

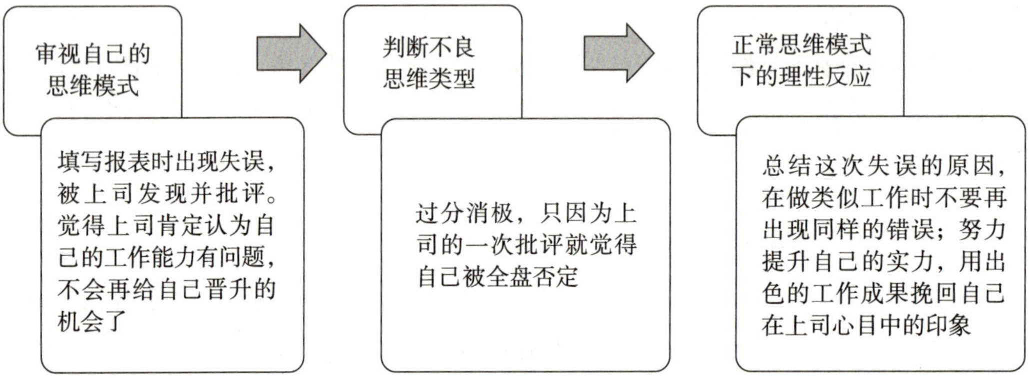

运用三级专栏法的实例

（四）培养坚毅品质

1. 立志须躬行

当代学生肩负着实现时代期望的重任，不仅需要怀抱远大的理想和目标，立志追求卓越、成就非凡事业，还要深刻理解并践行“立志须躬行”的理念。这意味着在确立宏伟目标的同时，必须认识到仅有梦想是不够的，还需要通过实际行动去实现这些梦想。学生应时刻铭记“空谈误国，实干兴邦”，只有脚踏实地地努力，才能将心中的理想变为现实。

因此，在明确了个人的发展方向和目标后，应当毫不犹豫地付诸实践，勇敢而迅速地迈出第一步，并持续不断地努力尝试、积极进取和奋力拼搏。每一次的小进步都是向大目标靠近的重要一步。无论是面对学习上的挑战，还是职业生涯中的困难，都应保持不屈不挠的精神。勇于探索未知领域，敢于接受失败并在挫折中寻找成长的机会，理想的光芒才会越来越近，最终照进现实。

2. 选择“再来一次”

初入职场的学生往往会在职业生涯初期遭遇各种挫折、质疑，甚至经历失败。这是他们从校园走向社会所必须面对的一个重要挑战。成功的关键在于如何应对这些困难和逆境。即使面临重重阻碍，只要不选择妥协，而是坚持不懈地从中吸取教训，持续改进自己的方法与策略，并怀揣着“再来一次”的坚定决心和勇气，就仍然保有迈向成功的机会。

每一次尝试都是一次学习和成长的过程，即便经历了多次“再来一次”，结果可能仍不尽如人意，但不可忽视的是，在这个过程中个人的工作能力和职业技能得到了实质性的提升。通过不断地实践和反思，我们能够更加深刻地理解职场的要求，增强解决问题的能力，提高专业技能，同时也培养了坚韧不拔的精神品质。这种精神不仅有助于我们在未来的职业生涯中抓住机遇，实现自我价值，而且也为长远发展奠定了坚实的基础。

3. 学会忍耐和等待

学生在步入社会、初入职场的过程中，应当学会培养忍耐与等待的品质，以此来塑造自身坚韧不拔的性格特征。职场生涯初期充满了各种挑战和不确定性，很多时候都需要展现出高度的忍耐力。无论是面对同事或上司的误解，还是承受工作任务未能如愿完成的压力，都需要保持内心的平和与耐心。

这种忍耐并非消极地接受一切，而是在逆境中积极寻找成长的机会，通过磨炼自己的心性，增强心理承受能力，并在这个过程中积累丰富的阅历。每一段经历，无论是成功的喜悦还是失败的痛苦，都是宝贵的财富，它们共同作用于个人的成长和发展。重要的是，在遇到困难时要静下心来分析原因，调整心态，而不是轻易放弃或冲动行事。

同时，学会等待合适的时机也同样重要。并不是所有的努力都能立刻见到成效，有时候需要给事情发展的过程留出足够的时间和空间。只有当一个人具备了足够的耐心和洞察力时，才能准确判断何时行动最为适宜，从而有效地走出困境，迈向成功之路。

要点归纳

本专题强调了职业修养对于个人职业生涯发展的重要性，归纳出成功职业者应具备的核心要素：建立主动性观念，包括明确自身任务、勇于承担责任和积极主动解决问题；培养良好的职业心态，如保持正向思考、合作共赢及阳光自信等；在工作中展现出的主动性具体表现，例如主动出击尝试、不畏困难迎难而上等。通过这些策略，不仅能提升个人工作表现和效率，还能增强适应性和竞争力，在职场中取得更高的成就，同时促进个人成长与自我价值的最大化实现。

学习探索

正向思考，保持良好心态

【活动描述】

心理学研究表明，思维方式对个体心态的调整具有显著效果。采用正向的思维方式能够帮助人们保持积极的心态，而这种良好的心态则有助于人们在工作中进行深层次的思考。对于中职生而言，培养正向思维不仅能提高学习效率，还能增强面对困难的信心和勇气，从而更好地适应未来的职场环境。

【活动分组】

全班学生每 4 ~ 6 人为一组，各组选出组长并进行分工，将小组成员及分工情况填入下表。

小组成员及分工情况

班级：　　　　　　　　　　　组号：　　　　　　　　　　　指导教师：

小组成员	姓名	学号	任务分工
组长			
组员			

【活动准备】

（1）识别出影响自己情绪和学习效率的主要负面声音来源。

（2）制定一套自我暗示和正面激励的话语库，用于每日自我激励。

【活动实施】

各组按照分工开展正向思考，保持良好心态，并将具体实施情况记录在下表中。

活动实施情况记录表

时间安排	实施步骤
	1. 花 10 分钟进行自我暗示练习，调整状态。
	2. 在课堂或实习过程中，每当遇到负面情绪或批评时，立即运用事先准备好的正面话语来替代消极想法。
	3. 小组讨论遇到负面情绪时，自己是怎么处理的。

【评价反馈】

各组配合指导老师填写下面的考核评价表。

考核评价表

评价内容	分值	得分
参与活动的积极性、主动性	25	
团队协作能力	25	
独立思考能力、创新能力	25	
对不良心态的调整情况	25	
教师点评：		

专题七

政治素养，构筑强国之路

内容导航

在当今快速发展的时代背景下，中职生作为国家未来的建设者和接班人，肩负着构筑强国之路的重任。培养强烈的社会责任感、弘扬爱国精神、增强国防观念以及反对邪教，成为每位青年学子不可或缺的政治素养。社会责任感是社会得以存续的基石，它要求我们每个人的行为都应有利于他人、集体、社会和国家；爱国主义则是中华民族精神的核心，激励着一代又一代中华儿女为祖国的发展繁荣不懈奋斗；正确的国防观念对于维护国家安全和发展至关重要；而远离邪教、崇尚科学，则是构建和谐社会的基础。通过全面提升政治素养，中职生不仅能够更好地实现个人价值，更能为实现中华民族伟大复兴贡献自己的一份力量。

学习目标

知识目标

1. 掌握社会责任感的定义、培养要素及重要性，明确社会责任感在个人成长和社会发展中的作用。
2. 学习中华民族爱国主义的历史传承。
3. 掌握国家安全相关法律知识。
4. 了解邪教的定义、特点及对社会的危害，掌握识别邪教活动的方法。

技能目标

1. 能够结合实际，分析如何通过各类活动、管理主体意识培养和日常行为规范等方式增强社会责任感。
2. 能够将爱国主义精神转化为实际行动，如维护国家利益、祖国统一和民族团结。
3. 掌握识别邪教活动的“四看”方法，能够识别邪教的特征并采取正确的应对措施。
4. 学会识别危害国家安全的行为，掌握维护国家安全的基本方法，如熟悉相关法规、抵制破坏稳定的因素等。

素质目标

1. 培养关心社会、集体和家庭的责任意识，将个人发展与社会发展紧密结合。
2. 增强民族自尊心、自信心和自豪感，自觉维护国家利益、尊严和荣誉。
3. 树立科学精神，抵制迷信、伪科学和反科学的侵袭，增强防邪意识。
4. 培养国家安全意识，自觉抵制危害国家安全的行为，增强维护国家稳定的行动能力。
5. 增强民族团结意识，自觉维护国家统一，积极参与促进民族团结和祖国统一的活动。

探索新知

大力弘扬左宗棠爱国主义精神和民族精神

心忧天下为己任，敢为人先建功业。左宗棠（1812—1885 年），湖南岳阳湘阴人，晚清政治家、军事家、民族英雄，洋务派代表人物，为维护领土完整、国家统一、民族团结做出巨大贡献，是中国近代国家统一、领土主权完整的坚决捍卫者、中国近代化进程的先驱。

全国人大代表杨维刚在多次考察调研以及参与左宗棠相关的座谈会和研讨会后，深刻体会到，在以中国式现代化全面推进中华民族伟大复兴、坚决反对和遏制

“台独”分裂活动的当下，大力弘扬左宗棠的爱国情怀、报国壮志、卫国担当以及民族精神，具有极其重要的现实意义。

弘扬左宗棠爱国主义精神和民族精神意义重大

左宗棠是中国近代史上最具影响力的人物之一，其历史贡献主要有收复新疆、抗法保台的战功，经略陕甘、融合民族的治功，创办船政、自主洋务的事功，清正廉洁、崇俭广惠的德功，修文育才、实事求是的文功等“五功”。

从文化渊源来看，左宗棠一生深受湖湘文化的熏陶，其骨子里深深根植着湖湘文化的脉络、热血精神与担当意识。从历史背景分析，在晚清时期国家贫弱、妥协派寻求暂时安稳的背景下，中华民族面临内忧外患，而左宗棠挺身而出，承担重任，展现了真正的英雄本色。从他的历史成就角度审视，左宗棠在抵御外敌、促进国家繁荣、实施仁政和关爱百姓方面做出了卓越贡献，是维护国家统一和民族团结的重要支柱，堪称一代民族脊梁。

杨维刚表示，左宗棠的精神内涵和时代价值，以爱国主义为核心的民族精神、以改革创新为核心的时代精神，是中国精神的具体体现。

弘扬左宗棠爱国主义精神的时代价值体现在“五个需要”：一是维护国家主权、安全、发展利益，实现祖国完全统一历史伟业的需要；二是正确把握世界百年未有之大变局、从容应对风险挑战的需要；三是在深化改革开放中坚持自信自立，增强民族自尊心和凝聚力的需要；四是涵养良好党风政风民风的需要；五是增强文化自信、推进中华优秀传统文化创造性转化和创新性发展的需要。

加强人物研究，拍摄影视作品来弘扬左宗棠精神

杨维刚认为，在历史沉淀后的今天，国家应给予左宗棠一个立得起、叫得响、传得开的名分，并大力弘扬左宗棠的爱国主义精神。他特提出如下建议：

建议加大对左宗棠的人物研究力度。可以通过中国社科院联合中国人民大学、北京大学等高等学府，共同深化对左宗棠思想与文化的探讨。研究应聚焦于“左宗棠与中国精神”“左宗棠与国家统一”“左宗棠与民族融合”“左宗棠与自主洋务”“左宗棠与中华文化”及“左宗棠与民族风骨”等主题，旨在深入挖掘左宗棠所展现的家国情怀、爱国精神、廉洁品格及勇于担当的精神特质。

建议拍摄以左宗棠为题材的影视作品。拍摄电影或采用当代影视表现手法的电视连续剧、纪录片，借助喜闻乐见、雅俗共赏的影视传播力作来宣传左宗棠，还原一位伟大的民族英雄捍卫中华民族核心利益的壮阔历史画面，增强中华民族爱国主义精神，广泛凝聚全国各族人民团结奋进的力量。

资料来源：吴公然，廖洁. 杨维刚：大力弘扬左宗棠爱国主义精神和民族精神.（2023-03-08）[2025-04-04].https://moment.rednet.cn/pc/content/646747/90/12419430.html.

思考

左宗棠以实际行动维护了国家的统一和领土完整。请结合你的专业领域和个人兴趣，谈谈你认为在未来的职业生涯中，应如何将自己的职业选择与国家的发展需求相结合，为实现中华民族伟大复兴贡献自己的力量。

____

____

____

素养追寻

一、增强责任意识

（一）什么是社会责任感

社会责任是指一个人对自己、他人、集体、社会、国家所承担的职责、任务和使命。社会责任感则是人们对这种责任的一种强烈的自觉意识和崇高的情感和意志。社会责任感作为一种道德情感，是一切美德的基础和出发点，是人类理性与良知的集中表现，是社会得以存继的基石。它要求社会中的个体对每一种行为表现都应当选择对他人、集体、社会、国家有利的，舍弃对他人、集体、社会、国家有害的，并始终为有利于社会的事而不懈努力。年轻一代是否具有强烈的社会责任感，直接影响着国家的未来发展，因为它是为祖国和人民献身的一种强大的内动力。社会责任感的形成和发展是中职生逐步成熟的开始。要不断增强社会责任感，关心社会的发展，并把它与自身发展紧密地联系在一起，使之成为一种坚定的信念和高尚的情感。

（二）社会责任感的培养要素

1. 主人翁责任感

学校是学生成长的园地。要真正明确自己是学校生活的主人和学习的主人，有了这种主人翁责任意识，就会自觉地关心爱护自己学习、生活的空间，就会自觉地发挥学习的主观能动性，就会热爱自己的学校和学习。

2. 集体责任感

班级、学校是学生学习、生活的集体，与自己的成长息息相关。“一滴水只有汇入大海才不会干涸”，自己的成长、进步离不开集体的关怀、帮助和影响；集体的发展、兴盛需要每个成员的关心、努力和协作。在学校生活中，要热爱和关心集体，注重团结合作，乐于关心和帮助他人，勇于为集体增添光彩，同时要认识到自己言行举止的重要性，不要妨碍他人和损害集体。

3. 家庭责任感

我们应明白自己的生命不仅是自己的，也是父母给予的，应当倍加珍惜；要感激父母，不能对父母提出不合理的消费要求，这也是对父母、家庭应尽的责任。这种家庭责任感的培养，对自身道德素质的提高和社会的文明进步都有积极意义。

4. 社会责任感

青年人肩负着实现中华民族伟大复兴的重大历史使命。中职生要将今天的学习同明天的建设联系起来，将个人的前途同国家的命运联系起来。当今国际竞争激烈，作为一名在校学生，应该为投入这场竞争做好准备。

（三）社会责任感的培养途径

1. 各种活动是社会责任感培养的重要载体

积极参加主题班会、演讲会、时事教育报告会、法制报告、辩论比赛等活动。同时，积极参加社会调查、公益劳动、军事训练、家庭训练、家庭服务等社会实践活动，培养和强化社会责任意识。向富有时代精神和强烈社会责任感的劳模人物和身边的“责任典型”学习，学会对自己、对他人、对班级、对社会负责。

2. 培养管理主体意识

学生是学校管理的客体，也是管理的主体。要通过完善班干部竞选、定期轮换课外

积极参加公益劳动

活动小组、兴趣小组组长、值日生参加检查等活动，增强学生的组织能力和管理意识。可定期召开学生座谈会，设立学生“意见箱”，开展“为班级、学校管理献计献策”等活动。学校和班级对此应给予重视，采纳有益建议，解决学生关心的问题，培养学生关心集体、主动负责的精神。

3. 从个人抓起、从小事抓起，持之以恒

将责任感培养教育日常化。责任感的培养是一个日积月累的过程，是一个循序渐进的过程。要将社会责任感的培养与中职生守则、日常行为规范教育紧密结合起来，最终达到人人知责、处处尽责、事事负责的目标。

二、弘扬爱国精神

（一）继承爱国主义的优良传统

伟大的中华民族，五千年绵延不绝、生生不息。作为一种传统，爱国主义始终以其巨大的凝聚力和向心力，维护着中华民族的独立和统一，创造了辉煌灿烂的华夏文明。

1. 热爱祖国、矢志不渝

中华民族的光辉史册上写满了刻骨铭心的爱国之情、矢志不渝的报国之志和生死不渝的爱国之行。林则徐的“苟利国家生死以，岂因祸福避趋之”，陆游的“位卑未敢忘忧国”，文天祥的“人生自古谁无死，留取丹心照汗青”，都寄托了对祖国矢志不渝的热爱和一片赤诚之心。

2. 天下兴亡、匹夫有责

以天下为己任，无论身居何位，都心忧天下，关心国家的命运和民生的苦乐，自觉地把个人的前途与国家的兴亡联系起来，把爱国思想付诸实际行动。“先天下之忧而忧，后天下之乐而乐”的范仲淹抛下家室与韩琦一起镇守陕西，击退了西夏、契丹的侵略，保卫了国家的安全；他在“长烟落日孤城闭”的荒山野岭上，沉吟过“浊酒一杯家万里”，然而“燕然未勒归无计”，继续留守。

3. 维护统一、反对分裂

中华民族是一个多民族的大家庭。民族团结和睦，始终是各族人民的共同心愿；维护民族团结和祖国统一，始终是各族人民的神圣职责和最高利益。在中国历史上，促进民族团结和维护祖国统一，始终是人心所向，是中国历史发展的主流。

4. 同仇敌忾、抵御外侮

中华民族是一个热爱和平的民族，但也不是一个畏惧战争的民族。在中国历史上，中华儿女共御外侮，在民族斗争中形成了誓死不当亡国奴的民族品格，共赴国难的民族意识，敢于同敌人血战到底的民族气概，勇于依靠自己的力量战胜侵略者的自强精神，善于在危难中开辟发展新路的创造精神，自觉为人类和平进步事业贡献力量的奉献精神。

（二）积极践行爱国主义精神

爱国，这个令人热血澎湃的字眼，是中华民族亘古不变的主题。从古至今，爱国主义精神深入人心，激励着无数人为了国家的强盛和民族的振兴付出了毕生精力甚至鲜血。新时代的我们必须高举爱国旗帜，奋力强国富民，捍卫国家和民族的尊严。

1. 自觉维护国家利益和祖国统一

第二次世界大战后，世界多数国家都遭受了战争带来的严重后果。无论是战胜国还是战败国，都付出了经济停滞、文化搁浅、科技倒退、人口锐减的巨大代价。因此，第二次世界大战之后的半个多世纪里，世界各国纷纷致力于发展本土经济和民族工业，世界局势进入了和平与发展阶段。

中国要发展，要实现繁荣昌盛，靠的是全国人民团结一致，以经济建设为中心，坚持四项基本原则，坚持改革开放，这一切的实现都是以国家利益为前提的。现阶段的爱国主义和民族精神就是要将国家利益作为一切利益的出发点，维护国家尊严，维护国家主权，把国家的安全、荣誉和利益放在高于一切的地位，把民族自尊心和自豪感体现在爱国的实际行动中去，努力为提高国家经济实力、政治地位和文化水平，贡献个人的全部力量。

中国要和平，领土的完整和民族的统一是基础。中国的土地，每一寸都要插上五星红旗；中华民族的同胞，每个人都要情系九州大地。香港和澳门的回归，就是在中国人民爱好和平、呼唤和平的伟大感召下顺利实现的。践行爱国主义和民族精神就是要将祖国统一大业作为新时代青年不可推卸的责任，努力增强国防认识和国防观念，支持政府在台湾问题上的方针政策，自觉为祖国统一大业献策献力。

2. 以振兴中华为己任

不同时期，爱国的表现也不尽相同。清末，陈天华以血为书，号召国人抗击沙俄是基于民族自尊的爱国；抗日战争时期，杨靖宇睡卧沙场、渴饮积雪、英勇抗日是基于民族独立的爱国；中华人民共和国成立初期，钱学森为报国恩，为扬国威，回国参加建设是基于民族自豪感的爱国。爱国主义和民族精神的表达会因所处环境的变化而在形式上存在差异，但其所涵盖的深刻意义却是永恒不变的。

和平年代，中职生应将“为中华之崛起而读书”作为自身践行爱国主义和民族精神的动力，努力学习科学文化知识，苦练技能，为参加社会主义建设打下坚实基础，牢固树立投身祖国建设的远大目标，主动担当起实现中华民族伟大复兴的历史使命，努力做到立报国之志、增爱国之才、践爱国之行。

（三）增强国防观念

国防是国家为了抵御侵略与武装颠覆，捍卫国家主权、领土完整，维护国家安全、统一和发展，而进行的军事以及与军事相关的政治、经济、科技、文化、教育等方面的建设和斗争，是国家生存和发展的保障和维护国家政权的基石。国防观念是指一个国家和民族对国防建设的目的、内容、途径和重要性等问题的认识，它主要包括国防忧患意识、国防目标意识、国防价值意识、国防责任意识、国防法治意识和国防献身意识等。

古今中外的历史都证明了一个道理：如果没有强大的国防，安全和发展就没有保障，已取得的一切成果就可能因国防的虚弱而顷刻间化为乌有。一个国家经济发展了，国防就一定要同步强大。

中华人民共和国成立后，党和国家认识到国防与经济发展、国家兴衰的关系。目前我国的国防建设取得了一系列可喜的成绩，为国家的安全、发展提供了有力的保障。我们要引导大家树立正确的国防观念，认识安全环境面临的威胁，强化国防观念，积极维护国家和民族的根本利益。

（四）促进民族团结和国家统一

中华民族大家庭团结和睦始终是人心所向，国家和民族的整体利益把各民族的兴衰荣辱牢牢地维系在了一起。我们的祖国是由 56 个民族组成的大家庭，这是在中国五千年漫长的历史中形成的。为了促进民族内部和民族之间的团结，我国实行民族区域自治制度。一方面维护了民族团结和国家统一，另一方面也维护了各民族的利益与权益，有助于促进各民族共同奋斗、共同繁荣和发展，是实现全国各民族最高利益的重要保障，也是构建和谐社会、全面建成小康社会、促进中华民族伟大复兴的关键所在。

民族团结要以真挚的情感为纽带，民族团结了，国家才更稳定。在维护民族团结、促进祖国统一的进程中，我们已经开创了各族人民共同奋斗、共同发展的局面，圆满解决台湾问题、实现祖国统一更是各族人民的共同心声，也是新时期爱国主义的丰富内涵之一。因此，要做一个真正的爱国者，就必须尽自己所能促进民族团结和国家统一。这是中华民族的最高利益所在，也是我们每个人应尽的责任和义务。

三、反对邪教

（一）认识邪教

1. 认清邪教的本质

邪教是指冒用宗教、气功或者其他名义建立，神化首要分子，利用制造、散布迷信邪说等手段蛊惑、蒙骗他人，发展、控制成员，危害社会的非法组织。邪教不是宗教团体，不是道德修行组织，不是健身体育运动。

2. 邪教组织的特点

邪教组织最本质的特点是对现实生活中的凡夫俗子绝对神话化后的“教主”崇拜，而“教主”以欺骗讹诈的手段树立自身“超自然力量”的地位，宣扬含义模糊、具有蛊惑人心作用的“末世论”，打着拯救人类的幌子，散布迷信邪说，编造并极端化其歪理邪说，用蛊惑、蒙骗的手段发展成员，对信徒实行精神控制和摧残，不择手段地聚敛钱财、满足私欲、秘密经营，利用包括恐怖暴力在内的各种手段危害社会。

3. 打击邪教是世界行为

邪教是破坏人类文明的毒瘤，已成为一种国际公害。目前，各国政府、国际组织都纷纷取缔邪教组织、打击邪教违法犯罪活动，如澳大利亚、德国等西方国家制定了法律，采取措施限制“异端”教派的活动；比利时、乌克兰的警察查抄、取缔邪教组织活动场所；法国政府成立了反邪教部际委员会，专职负责打击邪教的工作。我国也采取了一系列措施打击邪教违法犯罪活动。

（二）“四看”识别邪教活动

一看“教主”是否活着。如果所拜的“教主”是活着的人，则大体上可以怀疑是邪教。

二看所宣扬的内容。如果所宣扬的内容违背伦理道德，对抗现实社会，吹嘘“教主”无所不能，具有各种神通异能，要求信徒舍弃一切追随“教主”、绝对服从的，则可以判定为邪教。

三看对现世的态度。邪教对生命的基本态度是弃绝、攻击，对人世的基本态度是污蔑“这个世界已经坏到极点，应当破坏并尽快离开它，到另外一个世界里去”。

四看活动方式。邪教采用秘密结社的方式，一般实行单线联系，使用“灵名”“暗语”，聚会活动鬼鬼祟祟，并有人望风。

（三）积极防范和抵制邪教

（1）中职生应崇尚科学，加强科普知识的学习，自觉抵制迷信、伪科学和反科学的侵袭。

（2）中职生要正确对待生老病死和人生坎坷，用自己的勤奋努力去追求美好生活。

（3）中职生要增强防邪意识，对邪教歪理做到不听、不看、不信、不传，拒绝网上邪教宣传。

（4）中职生如果遇到邪教非法活动，如派发传单、电话、电子邮件、短信骚扰或有人拉你入邪教等，要及时向老师报告，情节严重的，要迅速拨打“110”报警。

（5）如果你的亲人朋友误入邪教，要及时给予关爱，不要歧视他；积极争取其他亲友的支持和帮助，共同做好教育劝导工作；给他看反邪教宣传资料，引导他参加各种有益于身心健康的体育锻炼和社会活动。

四、守护国家安全

（一）法律界定危害国家安全的行为

《中华人民共和国国家安全法》及其实施细则所称危害国家安全的行为，是指境外机构、组织、个人实施或者指使、资助他人实施的，或者境内组织、个人与境外机构、组织、个人相勾结实施的下列危害中华人民共和国国家安全的行为：

（1）阴谋颠覆政府，分裂国家，推翻社会主义制度的。

（2）参加间谍组织或者接受间谍组织及其代理人任务的。

（3）窃取、刺探、收买、非法提供国家秘密的。

（4）策划、勾引、收买国家工作人员叛变的。

（5）进行危害国家安全的其他破坏活动的。

《中华人民共和国国家安全法实施细则》对“资助”实施危害国家安全的行为、“勾结”实施危害国家安全的行为和危害国家安全的“其他破坏活动”的界定如下表所示。

《中华人民共和国国家安全法实施细则》中规定的破坏行为

破坏行为	机构、组织、个人的行为
“资助”	1. 向有危害国家安全行为的境内组织、个人提供经费、场所和物资的
	2. 向境内组织、个人提供用于进行危害国家安全活动的经费、场所和物资的
“勾结”	1. 与境外机构、组织、个人共同策划或者进行危害国家安全活动的
	2. 接受境外机构、组织、个人的资助或指使，进行危害国家安全活动的
	3. 与境外机构、组织、个人建立联系，取得支持、帮助，进行危害国家安全活动的
“其他破坏活动”	1. 组织、策划或者实施危害国家安全的恐怖活动
	2. 捏造、歪曲事实，发表、散布文字或议论，或者制作、传播音像制品，危害国家安全的
	3. 利用设立社会团体或者企业事业组织进行危害国家活动的
	4. 利用宗教进行危害国家安全活动的
“其他破坏活动”	5. 制造民族纠纷，煽动民族分裂，危害国家安全的
	6. 境外个人违反有关规定，不听劝阻，擅自会见境内有危害国家行为或者有危害国家安全行为重大嫌疑的人员的

（二）中职生如何维护国家利益

1. 自觉维护祖国利益

每一个中国人都要把国家的安全、荣誉和利益放在高于一切的地位，与祖国同呼吸共命运。当祖国的领土和主权受到外来侵略时，自觉地担负起保卫祖国的神圣职责；当国家的利益受到损害时，要同一切损害国家利益的行为做斗争；当个人利益与国家利益发生矛盾时，个人利益应服从国家利益。

2. 知我中华，培育爱国情操

爱我中华，必先知我中华。学习历史，知我中华，是升华爱国情感的基础。要学习中华民族建设祖国家园、创造灿烂文明的历史；学习中华民族反抗外来侵略、捍卫国家主权的历史；学习中华民族反对民族分裂、维护祖国统一的历史；更要学习和了解当代全面建设社会主义现代化国家的实践。

知我中华，还要以科学的态度对待历史，全面地、辩证地了解和认识中国国情。既要从中了解祖国的锦绣河山并激发热爱之情，也要从中认识到我国自然条件的一些不足之处，增强忧患意识；既要为中华民族的悠久历史和灿烂文化而自豪，又要为中国近代以来的落伍而痛惜，从而奋发图强，为实现中华民族伟大复兴而奋斗。

3. 促进民族团结和祖国统一

国家的繁荣源自民族团结和领土的完整。中华民族经过漫长的历史发展过程缔造了统一的多民族国家，使中华民族大家庭团结和睦，始终是人心所向。中华人民共和国成立以来，党和国家一直致力于维护各民族的团结、利益和权利；一直致力于促进各民族的共同奋斗和共同繁荣发展。解决台湾问题，实现祖国完全统一，是全体中华儿女的共同心愿。

4. 增强国防意识

中华民族是一个爱好和平的民族，中国坚持走和平发展的道路，永不称霸，永不侵占别国。但是，中华民族也是一个不畏强暴、不容他人侵略的民族。我们秉承维护世界和平、维护国家安全、促进国家统一和发展的目的，建立强大、巩固的国防。国防是国家生存与发展的安全保障。作为社会主义事业的建设者和接班人，我们必须增强国防观念，心系国家安危，自觉关注国防、了解国防、热爱国防，积极履行国防义务，努力为国防和军队现代化建设贡献智慧和力量。

5. 立志成才，报效祖国

爱国主义不仅是一种对祖国的深厚情感，更是一种报效祖国的实际行动。当代青年要肩负起历史赋予的重任，就必须化爱国之情为报国之行，刻苦学习，锤炼自己，把满腔的爱国热情转化为报国之行。成才是青年人的追求和渴望，也是祖国和时代的需要和呼唤，要科学地确立成才的目标和方向，做祖国现代化需要的人才。

（1）要具有坚定的政治方向。青年要把崇高的共产主义理想和强烈的爱国热情和具体的奋斗目标结合起来。拥护中国共产党的领导，坚定不移地走社会主义道路，建设中国特色社会主义。全心全意为人民服务，把自己的学习和工作同国家的前途和人民的利益紧密地结合起来。遵纪守法，有效抵制各种错误思潮的侵蚀。

（2）要具有丰富的科学文化知识和研究问题、解决问题的能力。要面向世界、面向未来、面向现代化，勤奋学习，掌握知识，提高能力。要敢于向未知的新领域进军，勇敢地去实践、去探讨。

（3）要具有健全的心理人格。对国家、对人民有强烈的爱心；对社会主义建设事业有强烈的责任感；对待人生积极奋发，不消极颓废，不得过且过；对学习、对工作兴趣广泛，求知欲望强烈，勤奋刻苦，有创新精神，有自信心；奋斗目标明确，意志坚定；对他人情操高洁，易于合作，有团队精神。

（4）要具备良好的身体素质。健康的体魄是人才成功的关键。只有身体健康，精力充沛，才能从事紧张、艰苦的创造性劳动，才能攀登事业的高峰。

在不同的历史条件下，人们报效祖国的方式往往是不同的。吉鸿昌慷慨赴死表明自己的爱国决心，陈嘉庚以倾囊兴办教育的方式体现自己的爱国情感，邓稼先以默默献身于国防建设来实现自己的报国志愿。同学们，不论以什么样的方式来报效祖国，都要自觉弘扬以爱国主义为核心的民族精神，努力学习，掌握报效祖国的本领。只有把自己的真才实学同报效祖国的志向结合起来，始终如一，身体力行，才能为祖国和民族做出应有的贡献，实现做一个忠诚的爱国者的人生追求。

要点归纳

本专题强调了中职生应具备的关键政治素养，包括培养社会责任感、弘扬爱国精神、增强国防观念以及反对邪教。社会责任感要求个体自觉承担对他人、集体、社会和国家的职责，通过主人翁责任感、集体责任感、家庭责任感和社会责任感的培养，积极参与各类活动和社会实践，形成关心集体、主动负责的精神。弘扬爱国精神需要继承和践行爱国主义优良传统，自觉维护国家利益与尊严，将个人前途与国家命运紧密结合，并以实际行动为实现中华民族伟大复兴贡献力量。增强国防观念旨在树立正确的国防意识，理解国家安全与发展的重要性，支持国家统一和领土完整。面对邪教的危害，倡导崇尚科学、抵制迷信，提高辨别能力，坚决防范和抵制邪教的侵蚀，共同维护社会稳定和谐。这些要素共同构成了中职生成长为有责任感、爱国情怀及正确价值观的新时代青年的重要指南。

学习探索

弘扬爱国主义精神的主题班会

【活动描述】

举办一次以“弘扬爱国主义精神”为主题的班会，通过回顾历史、分享故事和讨论当代爱国主义事迹，增强学生的爱国情感和社会责任感。首先，通过展示中国历史上伟大的爱国人物及其事迹，如林则徐、文天祥等，激发学生对祖国的深厚感情。接着，结合现代社会背景，探讨如何将个人发展与国家命运相结合，激励学生为实现中华民族伟大复兴而努力学习。

【活动分组】

全班学生每 4 ~ 6 人为一组，各组选出组长并进行分工，将小组成员及分工情况填入下表。

小组成员及分工情况

班级：　　　　　　　　组号：　　　　　　　　指导教师：

小组成员	姓名	学号	任务分工
组长			
组员			

【活动准备】

（1）组织学生分组收集关于爱国主义的历史故事、名言警句以及当代爱国人士的事迹。

（2）设计并制作主题班会的宣传海报，张贴在班级公告栏内。

（3）邀请学校历史老师或有经验的老教师作为特邀嘉宾，分享他们的见解和经历。

【活动实施】

各组按照分工开展弘扬爱国主义精神的主题班会活动，并将具体实施情况记录在下表中。

活动实施情况记录表

时间安排	实施步骤
	1. 由主持人介绍活动目的及流程。
	2. 播放一段简短的历史纪录片片段，让学生直观感受爱国主义精神的力量。
	3. 各小组依次上台分享他们收集的故事，并结合当前社会热点进行讨论。
	4. 特邀嘉宾在此环节分享自己的经验和看法，鼓励学生思考如何在日常生活中践行爱国主义。
	5. 全体同学共同宣誓，表达自己立志报效祖国的决心。

【评价反馈】

各组配合指导老师填写下面的考核评价表。

考核评价表

评价内容	分值	得分
参与活动的积极性、主动性	25	
团队协作能力	25	
独立思考能力、创新能力	25	
对爱国主义的理解程度	25	
教师点评：		

参考文献

[1] 段福生. 劳动教育 [M]. 北京：中国人民大学出版社，2022.

[2] 侯守军，张道平. 新时代劳动教育教程 [M]. 北京：机械工业出版社，2021.

[3] 潘维琴，王忠诚. 劳动教育与实践 [M]. 北京：机械工业出版社，2021.

[4] 孟一凡，孙秀娟，展海燕. 工匠精神 [M]. 北京：航空工业出版社，2018.

[5] 朱印华，童永通，巴晓伟. 中职生核心素养教育：职业素养导读 [M]. 北京：中国人民大学出版社，2021.

[6] 黄磊，郭艳伟，杨娟. 职业素养 [M]. 北京：中国人民大学出版社，2024.

[7] 李兴洲，徐亚楠. 中职生职业素养教育 [M]. 北京：北京师范大学出版社，2024.

[8] 李雪玉. 中职生职业核心素养培育研究 [M]. 北京：学苑出版社，2023.

[9] 刘益民. 职业素养：从理论到实践探索 [M]. 重庆：重庆大学出版社，2022.

[10] 董仲磊. 新时代爱国主义教育融入思政课教学的互动性研究 [M]. 天津：天津人民出版社，2021.

[11] 曾天山. 职业素养：中职版 [M]. 北京：高等教育出版社，2024.